Masaru Emoto

Wasser und die Kraft des Gebets

Titel der Originalausgabe:
»Message from Water Vol 3«
Originalverlag:
Hado Kyoikusha Co., Ltd.

 – 5. Auflage 2025
Aus dem Englischen von Nayoma de Haën
Lektorat: Delia Rösel
Layout: jn medien
Gesamtherstellung: Karin Schnellbach
Druck: Finidr, Tschechien
ISBN 978-3-86728-125-6

Koha Verlag GmbH - St. Sebastian 13 - 84405 Dorfen
www.koha-verlag.de info@koha-verlag.de

Masaru Emoto

Wasser und die Kraft des Gebets

KOHA

Inhalt

Krieg

Wir zeigten dem Wasser das Wort »Krieg«.
Der Kristall, den wir von diesem Wasser erhielten, sieht dem Kristall des Friedens ähnlich (siehe gegenüberliegende Seite), nur dass etwas durch ihn hindurchzubrechen scheint. Das Bild erinnert ein wenig an jene Bilder vom 11. September 2001, als die Düsenjets in das World Trade Center stürzten. Dieses Foto entstand im Juli desselben Jahres. Man könnte fast meinen, dass Wasser prophetische Kräfte besitze.

Frieden

Wir zeigten dem Wasser das Wort »Frieden«.
Der Kristall, der aus diesem Wasser entstand, wirkt, als würden zwei Kristalle von »Liebe und Dankbarkeit« verschmelzen.

Imagine / von John Lennon

Imagine there's no heaven
No hell below us
Imagine all the people

It's easy if you try
Above us only sky
Living for today…

Imagine there's no country
Nothing to kill or die for
Imagine all the people

It isn't hard to do
And no religion too
Living life in peace …

Imagine no possessions
No need for greed or hunger
Imagine all the people

I wonder if you can
A brotherhood of man
Sharing all the world …

You may say I'm a dreamer
I hope some day you'll join us

But I'm not the only one
And the world will be
as one.

Dieser Kristall entstand aus Wasser, dem das Lied »Imagine« von John Lennon vorgespielt wurde. Dem Text des Liedes entsprechend bildete sich ein wunderschöner Kristall, dessen einzelne Bestandteile sich frei und in vollkommener Harmonie entwickeln.

Vorwort

Zehn Jahre ist es nun her, dass ich die Technik, gefrorene Wasserkristalle zu fotografieren, entwickelt habe. Was einst mit einem kleinen Kühlraum und einem Mitarbeiter begonnen hat, umfasst heute drei Kühlräume und sechs Mitarbeiter. Die Anzahl der Bilder und Beispiele hat sich dadurch dramatisch erhöht. Vor allem sind wir jetzt in der Lage, durch unsere fotografische Technik äußerst zuverlässige Ergebnisse zu erzielen, und die Qualität unserer Forschung hat sich sehr verbessert.

Nach der Veröffentlichung der »Botschaft des Wassers« im Juni 1999 hat sich ein weltweites Interesse für unsere Arbeit entwickelt. Das Buch wurde bis zum Januar 2004 in siebzehn verschiedenen Sprachen veröffentlicht und hat überall in der Welt Freunde gefunden. Darüber hinaus wurde ich in viele Länder und Städte zu Vorträgen eingeladen. Ich bin inzwischen in 150 Städten und 30 Ländern gewesen.

Wie kam es dazu? Am Anfang war ich so überwältigt, dass ich mir keine Gedanken um die Hintergründe machen konnte. Doch nachdem ich mit vielen Menschen gesprochen und zahllose E-Mails und Briefe erhalten habe, weiß ich mehr. Im Laufe der Zeit begriff ich die wunderbare Rolle, die mir zugefallen war. Die Verantwortung überwältigte mich fast und gleichzeitig brannte ich vor Begeisterung über meine Mission.

Im Folgenden zitiere ich aus den vielen Gesprächen und Zuschriften. Ich habe nur einige wenige herausgegriffen, die stellvertretend für viele andere stehen mögen.

1 In den Wasserkristallen finden wir die universelle Sprache, nach der die Menschen überall auf der Welt gesucht haben.
2 Wasser bringt das zum Ausdruck, was wir denken.
3 Das Wasser erweckt in jedem die unterbewussten Erinnerungen.
4 Ich habe den Ursprung, die Bedeutung und den Wert der Sprache begriffen.
5 Ich verstehe jetzt, wie Musik heilen kann.
6 Ich habe die Bedeutung von Malerei, Bildhauerei und anderer Kunst begriffen.
7 Nun weiß ich, warum Wasser für das Leben unentbehrlich ist.
8 Ich verstehe jetzt, warum es Naturheilverfahren gibt und warum sie so effektiv sind.
9 Die Wasserkristalle haben mir geholfen, Religion und Gebet zu verstehen.
10 Sie halfen mir, das Wesen von Energie zu begreifen.
11 Durch die Wasserkristalle konnte ich die Beziehung zwischen der Menschheit und dem Kosmos besser verstehen.
12 Sie gaben mir eine Ahnung von Dimensionalität.
13 Ich bin der Antwort auf die ewigen Fragen der Menschheit nach unserem Woher, Warum und Wohin ein Stückchen näher gekommen.

Viele Menschen haben außerdem berichtet, welch neue und hilfreiche Anregungen sie für ihre berufliche Tätigkeit gewonnen haben. Dabei ging es unter anderem um Bereiche wie Organisationsentwicklung, Landwirtschaft, Medizin, Umweltberatung, Nahrungsmittelindustrie, chemische Industrie, neue Technologien, Dienstleistungsgewerbe und Bekleidungsindustrie.

Deswegen habe ich mich bei diesem Band für ein Thema entschieden, welches ich für die heutige Welt als vordringlich empfinde.

Die Ausgangsfrage, die uns heutzutage wohl alle bewegt, ist: Wie können wir Krieg und Terrorismus beenden?

Meine Antwort lautet: durch das Gebet.

Als ich darüber tiefer nachsann, wurde mir klar, dass Gebete dann am effektivsten sind, wenn jeder Mensch seine »Liebesenergie« erhöht, indem er sich vorstellt, wie alle Menschen in Frieden miteinander leben. Das ist es, was mich das Wasser gelehrt hat, dadurch, dass ich ihm viele Fragen zu diesem Thema gestellt habe.

Zuerst müssen wir selbst positive, liebevolle Schwingungen ausstrahlen. Meiner Meinung nach ist es dafür notwendig, sich selbst zu lieben, sich bei sich selbst zu bedanken und sich selbst zu achten. Haben wir dies erreicht, wird jede dieser Schwingungen in die Welt und in den Kosmos hineinstrahlen und die große Symphonie dieser harmonischen Schwingungen wird unseren Planeten mit Wellen einhüllen, die unter anderem das Himmelsgeschenk unseres Lebens ehren.

Dies ist die Botschaft meiner selbst als Wasser.

Masaru Emoto

1. Kapitel

Die Gestalt des Gebets

Mit im Gebet aneinander gelegten Händen fühlt sich der Mensch von spirituellen Gefühlen erfüllt.

Würde man in Japan jemandem die Aufgabe geben das Beten darzustellen, so würde wohl jedem spontan das Bild von vor der Brust zusammengelegten Händen einfallen. Menschen aus anderen Ländern wählen wahrscheinlich eine ähnliche Form, vielleicht mit geringen Abweichungen auf Grund von Klimaunterschieden und religiösen Vorstellungen.

Warum verbinden wir die zusammengelegten Hände mit Gebet? Warum gibt es diese Haltung fast überall auf der Welt? Eine so weit verbreitete Sitte entsteht nicht ohne Grund. Es muss etwas dahinter stehen, was die Menschen in aller Welt bewegt.

Ich begann es zu verstehen, als ich erkannte, dass Energie Schwingung ist und dass sich Schwingungen durch Resonanz übertragen. Energie fließt von einem Punkt zum anderen, sie entsteht nicht »einfach so«.

Eine Hand alleine kann keinen Energiestrom erzeugen, erst zusammen mit der anderen entsteht ein Energiefluss. Ich begriff, warum die Menschen früherer Zeiten ihre Arme weit öffneten – gewiss um die Sonnenenergie aufzunehmen – und dann mit geschlossenen Augen ihre Hände zusammenführten, um ihre emotionale Energie möglichst rein als Gebet auszusenden.

Wir haben dem Wasser viele Fragen gestellt zu dem Thema Gebet und in diesem Kapitel zeige ich Ihnen einige der Kristallbilder, bei denen dabei die Form der betenden Hände entstanden ist. Ist das reiner Zufall oder gibt es da einen inneren Zusammenhang? Was meinen Sie?

Mein Enkel lernte instinktiv die Hände zum Gebet zu falten.

和

Wa (Harmonie)

Wir beschrifteten Glasfläschchen mit destilliertem Wasser mit dem Wort »Wa«, einmal von einem Kalligraphen geschrieben und einmal von einem Computer. Beide Male bildeten sich Kristalle, in denen die »Form des Betens« sichtbar ist. Der linke Kristall erscheint jedoch klarer. Wie zu erwarten, hat auch die Seele des Kalligraphen eine Auswirkung. Japan wurde einst das »Land des Wa« oder das »Land der Yamato« (= Große Harmonie) genannt. Ich glaube, dass es einmal ein spirituelles Bewusstsein gab, welches die Menschen dazu bewegen wollte, für die Harmonie in allen Dingen zu beten. Ich halte es für wichtig, das nie zu vergessen, egal wie viel Zeit inzwischen verstrichen ist. In der Tat ist Harmonie die »Höchste aller Tugenden«.

Gregorianische Gesänge

Dieser Kristall entstand aus Wasser, dem wir gregorianische Gesänge vorgespielt haben. Diese Musik ist eine der Grundlagen der westlichen Klassik und wird seit mehr als tausend Jahren in der katholischen Liturgie gesungen. Dieser Kristall sieht so aus, als würde er von tiefstem Herzen singen. Anders als bei dem gegenüber abgebildeten Kristall von »Amazing Grace« konzentriert sich hier das Gebet in Richtung Himmel.

Amazing Grace

Hier hatte das Wasser das Lied »Amazing Grace« gehört. Es heißt, dieser berühmte Gospel wurde von dem ehemaligen Führer eines Sklavenschiffes geschrieben, der als Einziger auf wundersame Weise einen Sturm überlebte, daraufhin seine Sünden bereute und aus Dankbarkeit Priester wurde.

Der Text des Liedes ist ein Gebet voll tiefer Bedeutung. Im Bild erscheint die typische »Gestalt des Gebets«, diesmal sowohl in Richtung Himmel als auch zur Erde gewandt.

Amen

Wir zeigten dem Wasser das Wort »Amen« auf japanisch geschrieben. »Amen« ist ursprünglich ein hebräisches Wort, welches inzwischen von der gesamten Christenheit verwendet wird. Mit »Amen« wird am Ende jedes Gebets und jedes Chorals noch einmal bestätigt, dass das eben Gesagte wirklich wahr ist. Auf uns Japaner wirkt dieses Wort alleine bereits wie ein Gebet in sich.

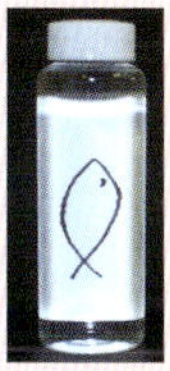

Im Zeichen des Fisches

In der Anfangszeit verwendeten die Christen das Zeichen des Fisches als Symbol für Christus. Man führt das auf das griechische Wort für Fisch »Ichtys« zurück, was auch als Abkürzung für »Iesos Christos Theou Yios Soter« (= Jesus Christus, Gottessohn, Erlöser) galt. Interessanterweise waren ja auch die ersten vier von Jesus erwählten Jünger alle Fischer.

Gassho (in Gebetshaltung zusammengelegte Hände)

Unter dem Eindruck des Wortes »Gassho« erstreckt sich die »Gestalt des Gebets« in alle Richtungen (links). Vielleicht war damit ein Gefühl starker Hoffnung verbunden, denn der Kristall wuchs weiter und wurde zu einer wunderbaren Schönheit, wie Sie auf dem rechten Bild sehen können. Bei näherer Betrachtung wirkt er fast wie das Gesicht von »Ryujin«, dem Drachen, Gott des Wassers.

Heitate Schrein

Diesem Wasser wurde ein Bild des Heitate Schreins gezeigt, von dem man sagt, dass seine Geschichte fünfzehntausend Jahre alt ist. Bei diesem Kristall ist mir zum ersten Mal die »Gestalt des Gebets« bewusst ins Auge gefallen.

Der Heitate Schrein befindet sich in der Stadt Soyo, Präfektur Kumamoto und es heißt, hier sei der Ursprung des Mythos von Takamagahara. Er ist der Sonnengöttin Amaterasu Omikami geweiht.

Jehova

Jehova ist der Gott des Judentums. Er gilt als der Schöpfer der gesamten Natur und der höchste Herrscher des Universums. Diesem Wasser wurden die hebräischen Buchstaben des Wortes Jehova gezeigt. Der Kristall zeigt eine starke Ähnlichkeit mit dem gegenüber dargestellten Kristall des Heitate Schreins. Es gibt Geschichtswissenschaftler, die eine enge, beinahe brüderliche Beziehung zwischen dem alten japanischen Yamato-Volk und den alten Hebräern sehen. Vielleicht lohnt es sich, darüber weiter nachzudenken…

Nanboku Toitsu (Vereinigung von Nord und Süd)

Wir zeigten dem Wasser diese Worte auf koreanisch. Nach meinem Empfinden kommt hier das tiefe Verlangen nach der Vereinigung von Nord- und Südkorea zum Ausdruck. Möglicherweise steht dies allerdings mehr für die Gedanken und Gefühle der Südkoreaner, in ihrer Ausgabe der »Botschaft des Wassers« war die Vereinigung das Hauptthema. Ob die »betenden« Kristallspitzen deswegen Richtung Norden weisen?

Kyomei (Resonanz)

Wir zeigten dem Wasser das Wort »Resonanz«. Vielleicht liegt die Quelle aller Resonanz im Himmel. Alle Dinge scheinen diese Resonanz zu empfangen, sich an den Händen zu halten und in Harmonie zu kommen. Ich glaube, dass sich in der Mitte des Kristalls »Nichirin«, die Sonne, zeigt.

2. Kapitel

Ein Füllhorn der Gebete

Religiöse Worte, Gebete und Musik sind wunderbar.

Die Kristalle in diesem Kapitel sind entstanden, nachdem wir dem Wasser mit dem Thema »Gebet« zusammenhängende Worte, Sätze, Musik und Bilder aus Japan und anderen Ländern gezeigt oder vorgespielt haben. Ich möchte Ihnen vorschlagen, dass Sie sich in die verschiedenen Reaktionen des Wassers einfühlen. In dem Text beschreibe ich, was die Bilder bei mir ausgelöst haben, aber das soll nur ein Beispiel sein. Ihr eigener Eindruck ist das, was das Wasser Ihnen mitteilen möchte.

Eben aus dem Krankenhaus gekommen, begegnet er zum ersten Mal unserer Katze.

Han-nya-shin-gyo

Dieser Wasserkristall ist durch die 266 Schriftzeichen des Herz-Sutras entstanden. Ich habe den Eindruck, dass hier das siebte Chakra des Sieben-Chakra-Systems aktiviert wurde, die Scheitelregion. Dieses Chakra gilt als die Verbindungsstelle zur Einheit mit dem gesamten Kosmos.

Han-nya-shin-gyo	Eine buddhistische Schrift aus dem alten Indien. Dieses mit esoterischen Weisheiten erfüllte Sutra ist in Japan sehr bekannt und wird in fast allen Schulen des japanischen Buddhismus rezitiert und weitergegeben.
Sieben Chakren	Ein Mensch hat sieben lebenswichtige Energiezentren, die mit Geist und Körper in Verbindung stehen. Es beginnt mit dem ersten Chakra am unteren Ende der Wirbelsäule und erstreckt sich bis zum siebten Chakra am höchsten Punkt des Scheitels.

Shiki-soku-ze-ku Ku-soku-ze-shiki

Ich sehe diesen Satz aus dem Herz-Sutra im Zusammenhang mit der Quantenmechanik. Er ist ein wunderbarer Ausdruck der physikalischen Phänomene der Quantenwelt, in der sich Teilchen plötzlich manifestieren und im nächsten Moment nicht mehr da sind. Ich glaube, dass die dunkle Höhlung in der Mitte des Kristalls »Ku« ist, die Leere, und die herrlichen Verzweigungen sind »Shiki«, die Form.

Shiki-soku-ze-ku Ku-soku-ze-shiki Dies ist ein Satz aus dem Herz-Sutra. »Shiki-soku-ze-ku« bedeutet: Form ist nichts als Leere. »Ku-soku-ze-shiki« bedeutet: Leere ist nichts als Form. Jede Existenz hat Bedeutung, jede Existenz strahlt.

Namu-myoho-renge-kyo

Nichiren lehrte seine Schüler, dieses Sutra ständig vor sich hin zu singen und dabei alles Selbst-Bewusstsein aufzugeben. Auch ohne die genaue Bedeutung des Sutras zu kennen, sehen wir hier einen vollkommenen, herrlichen Kristall von der Art, die man am liebsten ständig bei sich tragen würde.

Namu-myoho-renge-kyo Dieses Sutra wurde zum ersten Mal vor ungefähr achthundert Jahren von Nichiren, einem Buddhisten der Kamakura Periode gesungen. Es drückt den Wunsch des Gläubigen aus, das Lotus-Sutra um Hilfe und Schutz anzurufen.

Namu-amida-butsu

Aus allen sechs Ecken erstreckt sich das Licht auf die Mitte hin und sieht dabei aus wie Stimmgabeln. Das empfangende Zentrum leuchtet rosa und grün. Nach meiner Hado-Theorie ist Rosa Liebe und Grün Dankbarkeit.

Namu-amida-butsu Dieses Sutra wird von den Buddhisten der Reines-Land-Sekte gesungen, die vor über achthundert Jahren gegen Ende der Heian Periode von Honen gegründet wurde. Damit bringt der Gläubige zum Ausdruck, dass er ein Jünger von Buddha Amida (Amitabha) werden möchte. Es wird auch »Die Anrufung« genannt.

Amaterasu Omikami

Wir zeigten dem Wasser die Worte »Amaterasu Omikami«. Sie bedeuten »Sonnengöttin«. Sie war einst die zentrale Gottheit des japanischen Pantheons. Dieser Kristall überraschte mich sehr. Es gibt viele Menschen, die diese Art von Experimenten beinahe für gotteslästerlich halten, doch das Ergebnis gab mir Vertrauen und das Kristallfoto selbst ruft ein Gefühl von Ehrfurcht hervor. Der rechts abgebildete Kristall entwickelte sich, während die Temperatur anstieg. Er ähnelt sehr dem Heiligen Spiegel, einer der drei Kostbarkeiten des Shintoismus.

Amaterasu Omikami — In den Chroniken des klassischen Japan ist dies der Name der Sonnengöttin. Dem Kojiki, der ältesten Schrift Japans zufolge erschien sie, als Izanagino Mikoto sein linkes Auge bei der Reinigungszeremonie wusch.

Happy Christmas (Frohe Weihnachten)

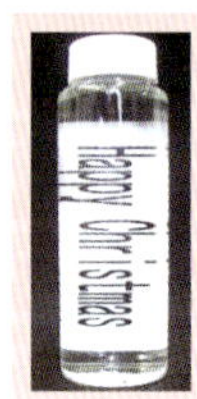

Frohe Weihnachten auf Englisch – das Bild besitzt die vornehme Eleganz eines britischen Gentleman. Es vermittelt das Gefühl, in der Schönheit kann man Freude finden.

Felice Natale (Frohe Weihnachten auf Italienisch)

Die Sprache scheint doch einen Unterschied zu bewirken. Dies hier strahlt viel mehr überschwängliche Weihnachtsfreude aus. Meinen Sie, das klingt sehr nach Italien?

Taizoukai Mandala

Das Taizoukai ist eines der Mandalas des esoterischen Shingon Buddhismus. Ich weiß immer noch nicht, was es bedeutet, doch die Kristalle, die aus dem Wasser entstanden, dem wir das Bild gezeigt haben, sieht ähnlich aus wie der, der das Wort »Mutter« gesehen hat (siehe Abbildung rechts unten) – voll Gnade und Mitgefühl, das uns sanft umhüllt. Oder wie die Geburt von neuem Leben aus dem Loch in der Mitte.

Taizoukai Mandala   Dieses Mandala beruht auf dem Kommentar zum »Dainichi-kyo«, einem buddhistischen Sutra.

Kongoukai Mandala

Dies gilt als das Mandala der Weisheit und Erkenntnis. »Wenn drei sich beraten, entsteht Weisheit«, diesen Eindruck erweckt es. Ich ahne, dass sich aus der Kombination von Taizoukai und Kongoukai ein vollständiges Ganzes ergeben würde.

Kongoukai Mandala — Dieses Mandala beruht auf dem Kommentar zum »Kongocho-kyo«, einem buddhistischen Sutra. Da es aus neun Teilen besteht, wird es auch Kue (= Neuner) Mandala genannt.

InYo – Das Yin-Yang-Symbol

Das Prinzip des Yin und Yang ist schwer zu erfassen. Meiner Ansicht nach liegt der Schlüssel darin, dass das kleine Yin in dem großen Yang und das kleine Yang in dem großen Yin enthalten ist. Der hier entstandene Wasserkristall versinnbildlicht diese Aussage ziemlich gut.

InYo Das zentrale Prinzip des Universums nach der orientalischen Philosophie. Alle Dinge und Phänomene entstehen aus diesen zwei Arten von Qi und existieren als relatives Verhältnis von »In« (=Yin) und »Yo« (=Yang).

Die neunundneunzig Namen Allahs

Wir zeigten dem Wasser den neunzehnten Namen, der mit »der Allwissende« übersetzt wird. Daraus ging so ein schöner Kristall hervor.

Kreuz

Wir zeigten dem Wasser nur ein einfaches Kreuz und es bildete diesen ergreifenden Kristall. An einem der Äste sind zwei seitliche Sprossen entstanden. Ich glaube, dass sie eine tiefe Bedeutung haben.

Bismallah

Bismallah ist für die Moslems ein sehr wichtiger Begriff, der am Anfang jeder Koran-Sure steht und der vielen ihrer Handlungen vorausgeschickt wird. Wir sehen hier einen Kristall von perfekter Schönheit. Ich weiß nicht viel über den Islam, aber seit ich diesen Kristall gesehen habe, bin ich neugierig geworden.

Veränderung

Bilder von Babaji »Veränderung«, »Wahrheit«

Ich wusste zunächst nichts über Babaji, doch nachdem mich auf meinen Seminaren in Europa viele Menschen nach ihm gefragt hatten, forschte ich nach und erfuhr, dass Babaji ein heiliger Mann ist, von dem erzählt wird, dass er im dritten Jahrhundert in Indien geboren sei und unsterblich sei. Er soll immer noch leben, müsste also inzwischen 1.800 Jahre alt sein. Einer seiner Anhänger hat mir ein Büchlein mit Zeichnungen mitgebracht, die Babaji selbst angefertigt haben soll. Nachdem wir diese Bilder dem Wasser gezeigt haben, entstanden wunderschöne hexagonale Kristalle wie diese. Wie gefallenen sie Ihnen?

Veränderung

Wahrheit

Wahrheit

Davidstern

Es gibt keinen Zweifel daran, dass diese geometrische Form gute Energie erzeugt, denn diese Form entstand, obwohl das Foto ein Lehrling gemacht hat, der erst im Frühling bei uns anfangen soll. Ich glaube, es braucht zwei miteinander verwobene Dreiecke, die zusammen schwingen, damit dreidimensionale Energie entsteht.

Kyureifu

Ein Bekannter brachte mir diesen Talisman mit. Und der Kristall wirkt tatsächlich wie eine Seele, die beschützt ist. Könnte der große Kristall im Hintergrund eine dahinter stehende Wesenheit anzeigen?

Kyureifu   Ein taoistischer Talisman, der hilft, dass die Unsterblichen unsere Gebete erhören. Er gilt als Sinnbild der Aura der Natur und der Macht der Unsterblichen.

Christentum

Hier scheinen wir sechs herrliche, gleichzeitig entstandene Weihnachtsbäume zu sehen, jeder von einzigartiger Schönheit.

Buddhismus

Die Kristalle, die unter dem Eindruck des Wortes »Buddhismus« entstanden sind, weisen in der Mitte einen Hohlraum auf. Im Buddhismus erkennt man die Existenz der Anderen Welt an. Ob dieses Loch die Verbindung zu dieser Anderen Welt ist?

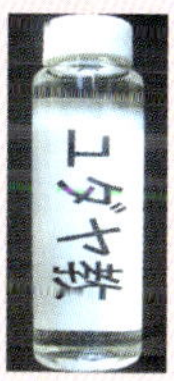

Judentum

Hier ist eine zauberhafte Struktur von sich überlappenden Kristallen entstanden. Der hintere, größere Kristall weist die »Gestalt des Gebets« auf. Er strahlt Energie aus.

Islam

Das mittlere Sechseck leuchtet in den Farben des Regenbogens und jeder Ast weist kraftvoll nach oben, genau wie bei den Kristallen der anderen Religionen.

Hinduismus

Dieser Kristall wirkt freundlich gerundet. Es gibt in Indien zahlreiche hinduistische Glaubensrichtungen, doch dieser Kristall vermittelt den Eindruck von Vereinigung.

Buddhismus
Christentum
Judentum
Islam
Hinduismus

Fünf Religionen

Wir zeigten dem Wasser die Namen aller fünf Religionen. Normalerweise sind die Kristalle ja hexagonal, aber eine der Spitzen wirkt hier verschwommen, fast wie eine Illusion, so als wäre sie unser sechster Sinn, die Ergänzung unserer fünf Sinne.

Wir zeigten dem Wasser die Zahlen 666 und 369 . . .

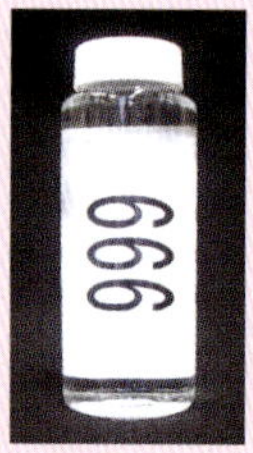

666

Wir zeigten dem Wasser die Zahl 666, die in der biblischen Offenbarung des Johannes als die Zahl des Teufels dargestellt wird. Es entstanden eigentlich nur schmutzige Kristalle, aber ich habe es gewagt, dieses Bild hier auszuwählen. In ihm, so könnte man es sehen, wird eine gewisse Anziehungskraft des Dämonischen sichtbar.

369

Diese Zahl gilt als das Gegenstück zu 666. Wenn man 369 von 666 subtrahiert, und zwar Ziffer für Ziffer, ergibt es 6 – 3 = **3**, 6 – 6 = **0**, 6 – 9 = **–3**. Die Quersumme ergibt Null, die Neutralisierung des Phänomens des Bösen. Manche meinen, dass der Buddha der Zukunft (Maitreya), japanisch Miroku Bosatsu (Mi-ro-ku klingt ähnlich wie drei-sechs-neun auf Japanisch) aus dieser Zahl entstanden ist. Tatsächlich ist ein wunderschöner Kristall entstanden und in der Mitte kann man ein Gesicht erkennen, das »Daikoku«, dem Gott des Glücks ähnlich sieht.

666

369

Wir zeigten dem Wasser die beiden Zahlen 666 und 369 gleichzeitig. Dabei entstand ein wunderschöner Doppelkristall. Vielleicht stimmt ja die Legende von Miroku Bosatsu. Das wäre eine gute Nachricht für alle Menschen, die sich vor der Zahl 666 fürchten.

Die Offenbarung	Die Offenbarung des Johannes gehört zu der christlichen Literatur vom Ende des 1. Jahrhunderts und ist Bestandteil des Neuen Testaments.

Shomyo

Dies ist, einfach ausgedrückt, ein Sutra, welches von einem Priesterchor zu Begräbnisfeiern gesungen wird. Wir spielten dem Wasser ein »Verstreuen der Blüten« genanntes Shomyo vor, das beim Verstreuen von Lotusblütenblättern gesungen wird. Wie erwartet liegen die Kristalle wie Blütenblätter übereinander. Ob man wohl in den Himmel kommt, wenn einen dieses Shomyo begleitet?

Japanische Nationalhymne – Kimigayo

Wir ließen das Wasser die Japanische Nationalhymne (mit Text) hören und es bildete einen wunderschönen Kristall. Manche Menschen denken bei dieser Hymne jedoch vorwiegend an unangenehme Aspekte der Vergangenheit. Das Wasser in ihren Körpern würde dann sicher eine andere Struktur bilden.

»Ave Maria« von Gounod, gesungen von Suzan Osbourne

Dieser Kristall entstand, als wir dem Wasser Gounods »Ave Maria«, die Titelmelodie des Filmes »Gaia Symphonie«, gesungen von Suzan Osbourne vorgespielt hatten. Als Suzan zu uns ins Büro kam und wir ihr das Bild zeigten, war sie so bewegt, dass sie in Tränen ausbrach. Sie meinte, dieser Kristall brächte genau das zum Ausdruck, was sie beim Singen dieses Liedes empfinde. Dieser Kristall berührt auf jeden Fall unsere Seelen.

Stille Nacht

In der Mitte dieses Kristalls zeigte sich eine wirklich wunderschöne Perle. Tatsächlich vermittelt dieses Lied ein Gefühl, als würde die Seele geläutert.

Der Koran

Wir spielten dem Wasser ein Tonband mit Rezitationen aus dem Koran vor, so wie er typischerweise vorgetragen wird, volltönend und ohne Instrumentalbegleitung. Der daraus hervorgegangene Kristall ist von äußerst symbolträchtiger Gestalt.

Der Masugata Teich in Kokubunji, Tokio

Kokubunji ist ein Vorort des Ballungsraums Tokio. Eigentlich würden wir nicht erwarten, dass das Teichwasser aus der Mitte einer Stadt solch schöne Kristalle bildet, denn das Wasser ist unweigerlich durch Abfallstoffe belastet. Doch ich habe dieses Wasser dem Teich persönlich entnommen. Der Park um den Teich herum hat gutes HADO und viele Menschen erholen sich dort. Er ist sehr gut gestaltet und hat eine gute Verbindung mit dem Wasser.

Quellwasser des Tamaki Schreins, Kumano

Dieser Kristall entstand aus dem Quellwasser des Tamaki Schreins, dem Inneren Heiligtum von Kumano. Wir sehen eine einzigartige Gestalt mit fünf konzentrischen Kreisen in ihrem Kern. Was sagt uns das? Ich glaube, wenn wir weitere Daten sammeln, werden wir dabei verschiedenen Geheimnissen auf die Spur kommen. Das ist eine nützliche Forschungsarbeit, die gleichzeitig Spaß macht

Tamaki Schrein liegt zu Füßen des gleichnamigen Berges und ist der Gottheit Kunitokotachino Mikoto geweiht.

Wunderquelle in Naju, Korea

Eines Tages brachte uns ein junger Mann dieses Wasser aus Korea mit. Er erzählte uns, es stamme aus einer Quelle, die als das »koreanische Lourdes« gelte. Der Mann war leitender Ingenieur einer großen Firma und ein überzeugter Christ. Angesichts dieses Kristalls verließ er seine Firma und suchte sich eine andere Arbeit. Es kommt öfter vor, dass ein einziger Wasserkristall das Schicksal eines Menschen verändert. Auf mich trifft es mit Sicherheit zu.

Naju Wunder-Wasser — Eine in der koreanischen Stadt Naju lebende Frau empfing eine Botschaft der Heiligen Jungfrau Maria. Sie grub an der Stelle, die ihr gezeigt worden war, und Wasser sprudelte aus dem Boden hervor. Bis zum heutigen Tag fahren viele Menschen von Seoul aus mit dem Bus dorthin und es sollen sich schon viele Wunder ereignet haben.

Zamzam, Saudi Arabien

Dies ist ein Kristall von heiligem Quellwasser aus der Nähe von Jetta in Saudi Arabien, welches uns von einem Araber mitgebracht wurde, der in Japan lebt und den ich persönlich kenne. Das Wasser enthielt ursprünglich viele Schwebstoffe, deswegen haben wir es tausendfach verdünnt. Dieses wunderbare Wüstenwasser bildete bei jedem Versuch einander überlappende Kristalle. Wir haben uns gefragt, warum?

Niagarafälle, Nordamerika

Die asketische Übung unter einem kalten Wasserfall zu sitzen, ist ein außerordentlich effektives Mentaltraining. Man sagt, dort seien eine Fülle negativ geladener Ionen und gutes Qi vorhanden. Der Kristall, den wir erhielten, bestätigt dies. Die Mitte sieht aus wie das Auge eines Drachen.

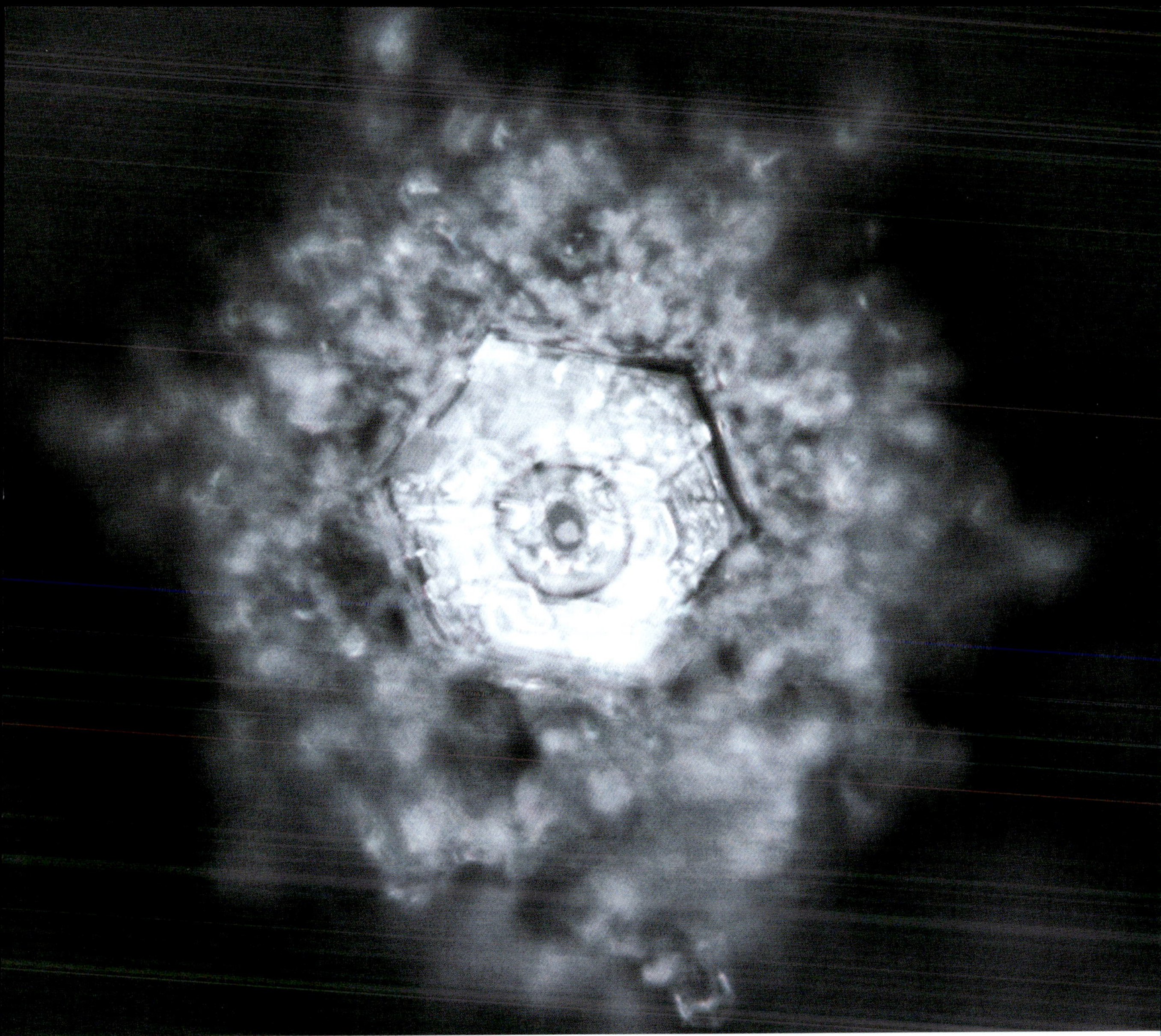

Mekka, Saudi Arabien

Wir zeigten dem Wasser Bilder von Mekka, der heiligen Stadt der Moslems. Es lagen uns mehrere Bilder von Mekka vor, doch bei dieser Luftaufnahme des Platzes um die Kaaba war die Ähnlichkeit am verblüffendsten. Ich fand es beinahe beängstigend, dass der Kristall auch die gleiche Atmosphäre auszustrahlen schien.

Sukato Tempel, Thailand – Regenwasser aus drei Sammelgefäßen

Wir führten ein Experiment durch, um die Beziehung zwischen den Kristallformen und verschiedenen Orten der Heilung zu erforschen. Dazu fotografierten wir Kristalle von Regenwasser verschiedener Orte, welches während der Regenzeit gesammelt und in großen Behältern aufbewahrt wurde. Wir entnahmen eine Probe aus einem Behälter in dem Wat Pa Sukato Meditations-Tempel, eine aus einem Behälter, der in dem, den Tempel umgebenden Wald steht und eine aus einem Behälter in einem etwas entfernt gelegenen Dorf. Der segensreiche Regen zeigte verblüffende Unterschiede, je nachdem, in welcher Umgebung er aufbewahrt worden war.

Regenwasser aus dem Dorf

Dieser Behälter war ständig den Emotionen der Dorfbewohner ausgesetzt, diese Ruhelosigkeit hat sich wohl auf das Wasser ausgewirkt. Im Vergleich zu den beiden Proben aus den anderen Sammelgefäßen fanden wir hier am seltensten schön gewachsene Kristalle.

Regenwasser aus dem Wald

Vielleicht hatten hier die Rhythmen der Natur einen stärkenden Einfluss auf das Wasser, da es dem Einfluss der Menschen weitestgehend entzogen war. Hier fanden wir doppelt so oft schöne Kristalle wie in den Proben aus dem Sammelgefäß aus dem Dorf.

Sukato Tempel, Thailand – Regenwasser aus drei Sammelgefäßen

Regenwasser aus dem Tempel

Wir erfuhren, dass die Priester und die frommen Dorfbewohner jeden Tag in diesem Tempel meditieren. Das Bewusstsein dieser Menschen hat wohl einen heilsamen Ort erschaffen, denn diesem Sammelgefäß fanden wir die größte Anzahl wohlgebildeter Kristalle (siehe links).

Elefant

Wir haben dem Wasser Fotos gezeigt und anschließend die Kristalle fotografiert. Entstanden sind Bilder, die die Charakteristika der Fotografien widerspiegeln. Im Bild rechts können Sie in der Mitte des Kristalls den Rüssel eines Elefanten sehen.

Izumo Schrein

Bei diesem Bild ist die Form der heiligen Strohgebinde und oben die Form des Schreins abgebildet. Solche Ergebnisse lassen mich darüber nachdenken, ob wohl die Schwingungen eines Bildes oder einer Gestalt auch formtreu im Gehirn gespeichert werden. Vielleicht ist dies ein Hinweis auf die Wirkmechanismen des so genannten fotografischen Gedächtnisses und des Erinnerungsvermögens überhaupt.

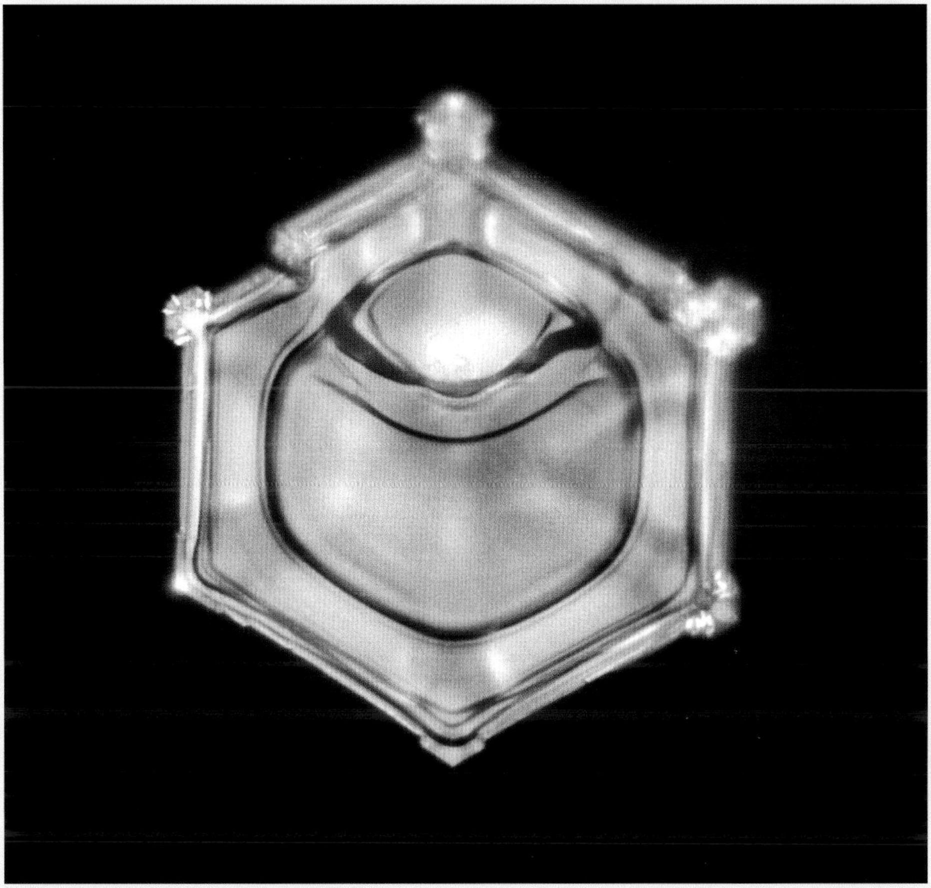

Ein riesiger Kampfer-Baum aus Kawako

Es ist die genaue Form der verschlungenen Wurzeln eines riesigen Kampferbaumes wiedergegeben.

Herz-Zeichen

Wir zeigten dem Wasser das Herz-Zeichen und daraus entstand dieser Kristall. Er ähnelt dem japanischen Schriftzeichen (Kokoro), was Herz bedeutet. Das Bild zeigt auch ziemlich gut die gebogene Form des Herzens. Man könnte darin auch sehen, wie sich ein Herz in zwei teilt. Wasserkristalle zu betrachten kann wirklich Spaß machen!

3. Kapitel

Die Macht der Worte

»Am Anfang war das Wort« – Worte sind Energie

In meinen Seminaren betone ich immer wieder, dass Energie Schwingung ist und dass Schwingungen das Leben sind. Worte sind ebenfalls Schwingungen. Das führt zu dem logischen Schluss, dass Worte Leben sind.

Im alten Japanisch enthält der ehrerbietige Begriff Kotoba (= Worte) das Piktogramm (»Inochi« = Leben). Ausgesprochen wurde es als »Mikoto«, was als Kurzform von »Mikotoba« (ehrerbietiger Begriff für »Worte«) betrachtet wird.

Diese alten japanischen Begriffe wurden zu einer Zeit verwendet, als die Kultur des Shintoismus vorherrschend war. Ich meine Shintoismus hier nicht im Sinne eines Kultus oder einer Religion. Meiner Ansicht nach wurden die Schriftzeichen, die heute als Shin-to gelesen werden, damals »Shin-do« ausgesprochen, was »Weg der Götter« bedeutet.

Ich glaube also, dass die alten Japaner, das Volk der Yamato (= Große Harmonie) wussten, dass alles Leben mit Schwingung beginnt. Ich glaube, dass sie sich bewusst waren, dass Schwingungen Leben, Licht und Klang bedeuten und dass dies der Weg zu den Göttern ist beziehungsweise dass dies die Götter selbst sind. Sie wussten alles über das, was heute Quantenmechanik genannt wird.

Schwingung ist auch die Antwort auf die Fragen: Warum haben Worte Kraft?, Warum verändern sich Wasserkristalle bei verschiedenen Worten? und schließlich: Wie sind Worte entstanden?

Ihre Eltern haben sie aufgezogen und Ihnen die Worte beigebracht. Worte sind schließlich nicht in unserer DNS enthalten. Doch wie haben die Menschen die ersten Worte gelernt?

Meiner Ansicht nach durch die Schwingungen der Natur, die Klänge und Geräusche erzeugen.

In der Natur sind die unterschiedlichsten Geräusche zu hören: sichere Geräusche oder gefährliche, leise und laute, angenehme, unangenehme, beruhigende oder aufregende, unbekannte und vertraute Geräusche und so weiter.

Meiner Ansicht nach erschufen die Menschen die Worte, um die Geräusche unterscheiden und sie anderen mitteilen zu können. Der Klang der Worte ist also nichts weniger als ein göttliches Geschenk der Natur. Die Wasserkristalle illustrieren durch ihre Formgebung dieses Geschenk auf anschauliche Weise. Negatives verhindert die Kristallisation des Wassers. Positives bewirkt die Bildung wunderschöner hexagonaler Formen.

Dieser Gedankengang bietet auch eine gute Begründung für die Entwicklung unterschiedlicher Worte in aller Welt. Jedes Land hat seine eigene natürliche Umgebung. Daher sind auch die natürlichen Schwingungen, die Grundlage der Worte, unterschiedlich. Worte unterscheiden sich demnach vor allem wegen des unterschiedlichen Klimas und weniger wegen nationaler Grenzen. Das Geschenk der Natur ist jedoch überall das Gleiche. Die Worte mögen sich unterscheiden, die Bedeutung bleibt sich jedoch gleich.

Wasser ist ein Medium, welches sogar die subtilsten Schwingungen empfängt und versteht. Es nimmt Schwingungen auf natürliche Weise auf, auch wenn sie aus den Zeichen und Buchstaben einer Sprache bestehen, und spiegelt uns die Energie dieser Schwingungen in der Form seiner Kristalle.

Gewiss besitzen Worte Kraft.

In diesem Kapitel will ich Ihnen die Ergebnisse einer Reihe von Experimenten mit positiven Begriffen und mit ein paar negativen Begriffen zeigen. Bitte erinnern Sie sich jeweils an einen Zeitpunkt, wo Ihnen diese Begriffe persönlich begegnet sind und spüren Sie der Bedeutung und der Kraft dieser Worte nach.

Unterhalten sich das Baby und die Katze miteinander?

Selbstliebe

Wir zeigten dem Wasser das Wort »Selbstliebe«. Wenn wir uns selbst nicht lieben, können wir auch andere nicht wirklich lieben. Wir müssen so strahlen, dass unsere Schwingung voller Energie ist, sonst können wir nicht mit anderen in harmonischer Übereinstimmung sein. Dieses Wasser scheint zu sagen: »Klinge und schwinge zuerst in dir selbst – falte deine Hände in dir.»

Partnerliebe

Wir können doch unseren Partner nur wahrhaft lieben, wenn wir uns selbst lieben. Daraus scheint eine umsorgende Art der Liebe zu entstehen.

Familienliebe

Einst war es normal, dass drei Generationen einer Familie zusammen lebten. Inzwischen ist das durch die veränderte Wohnsituation und die zurückgehende Geburtenrate schwieriger geworden. Daraus sind verschiedene Probleme entstanden. Unter dem Eindruck des Begriffs »Familienliebe« wuchs der Kristall in drei Ebenen. Ich verstehe das so, dass die unterste Ebene die Großeltern repräsentiert, die mittlere die Eltern und die oberste die Kinder. Man hat den Eindruck, dass die Gegenwart der Großeltern die wesentliche Rolle spielt.

Nächstenliebe

Jesus sagte: »Liebe deinen Nächsten.« Im Japanischen gibt es den Satz: »Drei Nachbarn gegenüber und einen an jeder Seite.« Beide Aussprüche weisen darauf hin, einander zu helfen. Viele Menschen scheinen heutzutage nur wenig Kontakt zu ihren Nachbarn zu haben. Wenn wir diesen Kristall betrachten, wollen wir wieder an unsere Nächsten denken.

Vaterlandsliebe

Der verschwommene, große Kristall im Hintergrund könnte das Heimatland repräsentieren. Wenn ich zuhause bin, denke ich nicht viel an mein Vaterland, aber wenn ich im Ausland bin umso mehr. Ich bin stolz darauf, Japaner zu sein und ich begegne anderen Menschen mit diesem Gefühl. Manche Menschen mögen einwenden, dass wir über den Patriotismus hinauswachsen müssen, um wahre Globalisierung zu erreichen. Ich glaube jedoch, dass wir andere Länder nur lieben und verstehen können, wenn wir unser eigenes Land kennen und lieben.

Menschenliebe

Dieser Kristall ist dem Kristall der »Nächstenliebe« sehr ähnlich. Hier kommt deutlich die Idee zum Ausdruck, das Ganze in jedem seiner Teile und jedes der Teile im Ganzen zu erkennen, finden Sie nicht? Zuerst müssen wir fähig sein, uns selbst zu lieben und dann unsere Familie. Erst dann können wir unsere Nächsten, unsere Heimat und die Menschheit lieben.

Verehrung

Dieser Kristall zeigt deutlich die Form von »Liebe und Respekt«. Der Mensch, den ich am meisten verehre, ist Dr. Nobuo Shioya, der 102 Jahre alt ist (im Jahre 2003). Als Arzt hat er eine Atemmethode entwickelt, die Seishin-chousoku genannt wird (Methode zur Korrektur des Geistes und des Atems). Wann immer ich Dr. Shioya begegne, nehme ich automatisch eine Haltung der Ehrerbietung an und bin ganz von Liebe und Respekt vor seiner Existenz erfüllt. Ich bin sicher, dass auch Sie Gefühle kennen, die diesem Kristall entsprechen.

Emotion

Das Wort Kando ist eine Resonanz von Schwingungen. Kando heißt wörtlich »fühlen« oder »bewegt sein«. Von starken Gefühlen bewegt zu sein ist die beste Energiequelle (E-motion: Energie in Bewegung; motion (engl.) = Bewegung). Je mehr Kando Sie jeden Tag haben, desto energiegeladener wird Ihr Leben sein. Auch in diesen Kristallen taucht wieder die »Gestalt des Gebets« auf. Wenn uns etwas widerfährt, auf das wir lange gehofft und um das wir sehr gebeten haben, sind wir höchst erregt. Das sollte uns doch einen guten Hinweis darauf geben, wie man ein lebendiges Leben führen kann? Ich glaube, dass der Schlüssel zu einem reichen Gefühlsleben darin liegt, viele positive Wünsche zu haben und für ihre Erfüllung zu beten.

Hoffnung

Dies ist der Kristall der Hoffnung. Wir wollten ihn auf Video zeigen, denn wenn man den sechs wohlproportionierten Ästen beim Wachsen zuschaut, kann man sich dem Gefühl kaum entziehen, dass Hoffnung etwas Wundervolles ist. Kristalle, die in dieser Weise wachsen, haben außerdem einen stabil aufgebauten Kern. Hoffnung gedeiht nur auf einer soliden Grundlage.

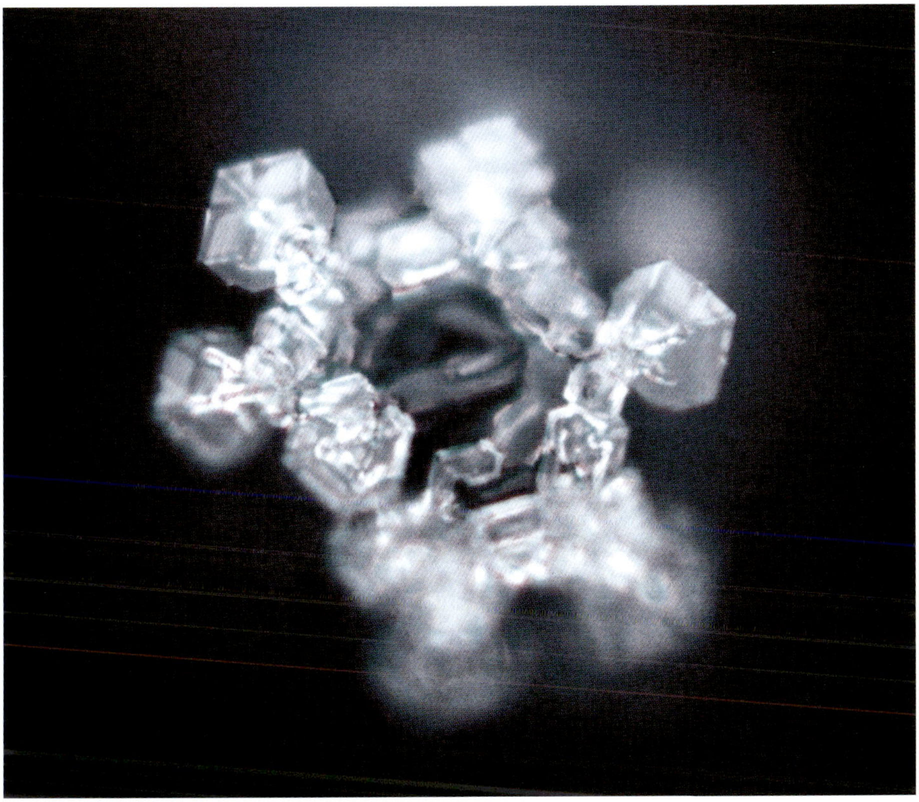

Verzweiflung

Wie erwartet entwickelten sich die meisten Kristalle nur sehr zögernd und wirkten eher kümmerlich. Andererseits gab es auch ein paar Kristalle, die wie dieser hier kein vollständiges Hexagon bildeten. Wir können beinahe sein Verlangen spüren, alles zu versuchen, um sich zu erholen und schön zu wachsen. Daraus wollen wir lernen, dass Verzweiflung auch den Samen neuer Hoffnung in sich tragen kann.

Gotteslästerung, Blasphemie

Blasphemie ist eine Handlung, Aussage oder Schrift, die sich absichtlich oder unbeabsichtigt in negativer Art auf Gott oder eine Gottheit bezieht. Das japanische Schriftzeichen besteht aus dem Zeichen für Wasser auf der linken Seite und dem Zeichen »uru« (= verkaufen) auf der rechten Seite. Es enthält also die Bedeutung von »Wasser verkaufen«. Das unterstützt meine Hypothese, dass Wasser ein Bote des Göttlichen ist. Als ich dies zum ersten Mal dachte, bekam ich eine Gänsehaut. Es ist auch interessant, dass wir von dem japanischen und dem englischen Begriff ziemlich ähnliche Kristalle erhielten. In der jüngsten Vergangenheit haben wir unsere Gewässer stark verschmutzt, weshalb wir inzwischen Wasser verkaufen und kaufen müssen. Ich wünsche mir eine Zukunft, in der Wasser etwas ist, was wir alle achten und miteinander teilen.

Blasphemy

Das Klonen von Menschen

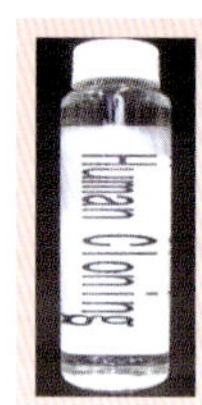

Das Wasser sagte deutlich »Nein« zu diesem Begriff, wahrscheinlich weil es etwas Unnatürliches ist. Außerdem ist ein merkwürdiger »Code« entstanden, der auf einer Art Tafel eingraviert zu sein scheint. Was das wohl bedeutet? Ob es eine Art Identifikation ist?

Wahrheit

Dieser Kristall zeigt eine vollkommene Symmetrie. In Europa ist die Ansicht verbreitet, dass Symmetrie ein Zeichen der Wahrheit sei und angesichts dieses Bildes kann ich es nachvollziehen. Das japanische Wort für Wahrheit (Shinri) kann auch als der weibliche Name »Mari« gelesen werden. Mari und Mariko sind in Japan sehr gebräuchliche Frauenvornamen. Ich bin sicher, dass alle Frauen dieses Namens von diesem Kristall entzückt wären. Auf mich wirkt er, als würde er am liebsten an einer Stelle stehen, wo wir ihn ständig bewundern können.

Aufrichtigkeit

Lasst uns unserem eigenen Herzen gegenüber aufrichtig sein. Wenn wir niemals lügen und unsere persönliche Integrität entwickeln, dann wird unser Herz eines Tages so ein funkelndes Juwel sein wie dieser Kristall.

Ewigkeit

Auch dieser Kristall zeigt eine vollkommene Symmetrie. Auf den ersten Blick scheint es hier mehrere Ebenen zu geben. Der Fotograf hat die Tiefenschärfe auf den äußeren Teil des Kristalls eingestellt, dadurch erscheint der innere Teil verschwommen. Wenn wir alle Teile gleichermaßen scharf sehen könnten, vermute ich, dass wir auch im Inneren vollkommen gleichförmige Kristallbildungen entdecken würden. Und wenn wir die Vergrößerung des Mikroskops höher einstellten, würden wir wahrscheinlich unendlich viele Kristalle derselben Form finden, einen in dem anderen.

Hanf

Ich glaube, dass Hanf (Cannabis) eine sehr wertvolle Pflanze ist. Weil aus Hanf sowohl Seilfasern als auch Marihuana gewonnen werden können, ist sein Anbau in vielen Ländern der Erde zur Zeit verboten. Wir zeigten dem Wasser das Bild einer Hanfpflanze (oben) und das Wort »Hanf« auf Japanisch (unten). Meiner Ansicht nach befürworten die Wasserkristalle eine Verwendung von Hanf.

Hanf Die Hanfpflanze wird seit Urzeiten angebaut. Der Hanf hat viel Positives zum Leben und zur Kultur der Menschen beigetragen. Sein Wert wird langsam wieder anerkannt und in vielen Bereichen wird der Hanf inzwischen wieder verwendet.

麻

4. Kapitel
Die Kraft des Gebets

Wenn die Menschen in aller Welt zum Wasser beten würden …

Viele Menschen werden sich noch an den Abschuss der Apollo 13 Rakete im April 1970 und ihre wunderbare Rückkehr zur Erde erinnern. Vor etlichen Jahren wurde dieses Abenteuer durch den Film »Apollo 13« wieder in Erinnerung gerufen. Spätere Berechnungen ergaben, dass die Chancen für eine sichere Rückkehr der Astronauten eins zu drei Millionen betrugen. Wie kam es dazu, dass sie trotz dieser großen Unwahrscheinlichkeit unversehrt wieder auf der Erde landeten?

Ich war zu jener Zeit 27 Jahre alt und erinnere mich deutlich daran, wie wir bis spät in die Nacht vor dem Fernseher saßen. Die Fernsehsender übertrugen alle Details. Im Rückblick denke ich, dass ich damals vielleicht zum ersten Mal in meinem Leben wirklich gebetet habe. Ich starrte gebannt auf den Bildschirm und lauschte dem Austausch zwischen der Bodenmannschaft und den drei Astronauten. Meine Hände waren feucht vor Aufregung. Mir ging es wohl ähnlich wie den Familien der Astronauten: Mit meinem ganzen Sein betete ich für ihre sichere Rückkehr. Ohne dass ich mir dessen bewusst war, hatten sich meine Hände in der Gebetshaltung zusammengefunden.

Es wurden auch aus aller Welt Bilder von Menschen gezeigt, die ebenfalls für die sichere Rückkehr der drei Astronauten beteten. Der Papst betete im Vatikan, die Juden an der Klagemauer in Jerusalem. Wenn ich mich richtig erinnere, gab es auch Bilder von gelb gewandeten buddhistischen Mönchen, Moslems in den arabischen Ländern und überhaupt betenden Menschen aller Rassen und Kulturen.

Die gesamte globale Gemeinschaft schien für die Sicherheit dieser drei Männer zu beten, ohne dass irgendwelche religiösen Vorstellungen dieses Verlangen beschränkten.

Im Rückblick betrachtet war dies vielleicht das erste Mal, dass die Menschen in aller Welt für die gleiche Sache beteten. Das Herz der globalen Gemeinschaft war wahrhaft vereint. Es gab in dieser Sache keinerlei Unterschiede zwischen Amerikanern, Europäern, Juden, Arabern oder Asiaten. Alle fühlten sich als Brüder und Schwestern. Ich bin fest davon überzeugt, dass dadurch das Wunder der sicheren Rückkehr der Astronauten ermöglicht wurde.

Wie können wir erkennen, wie die Kraft des Gebets wirkt? Ich kann den Mechanismus bislang noch nicht erklären, ich kann nur mit Bestimmtheit sagen, dass es auf das Wasser angewandt dessen Struktur verändern kann. Durch den Wunsch verwandelt sich die physikalische Energie dementsprechend. Zu dieser Überzeugung gelangte ich durch die zahllosen Experimente, in denen das Wasser deutlich schönere Kristalle bildete, nachdem zu ihm gebetet worden war.

In diesem Kapitel finden Sie die Strukturen von Wasserkristallen vor und nach den »Gebeten«, so dass Sie sich selbst ein Bild von der Transformation machen können.

Du und ich, wir sind Geschwister.

Fujiwara Stausee

Diese Bilder zeigen die Veränderung der Wasserkristalle des Stausees, nachdem Hoki Kato, ein Asket und Priester des Shingon Tantra Buddhismus eine Stunde lang dort gebetet und gesungen hat. Das Kaji-Gebet ist eine Anrufung, die in direkter Linie auf den alten Priester Kobo Daishi zurückgeht. Sie bezieht sich darauf, wie sich das Licht des Buddha auf dem Wasser der Seele spiegelt, wodurch der Betende und der Buddha eins werden. Dieses Verlangen und das Sutra werden vor einem brennenden Feuer rezitiert.
Wir führten dieses Experiment im Oktober 1997 am Fujiwara Stausee in der Gunma Präfektur durch. Ich war selbst anwesend und konnte hier zum ersten Mal klar die Macht des Gebets begreifen. Der Unterschied zwischen den Kristallen vor und nach dem Gebet lässt uns das Werk der Gottheit deutlich erkennen. Ich brauchte allerdings noch fünf weitere Jahre, um zu begreifen, wie dieses Geschehen möglich war.
Auf Seite 142 wird der Prozess detaillierter beschrieben.
Ich hoffe, Sie können sich bei dem Bild rechts an dieser zauberhaften Kostprobe himmlischer Schönheit erfreuen.

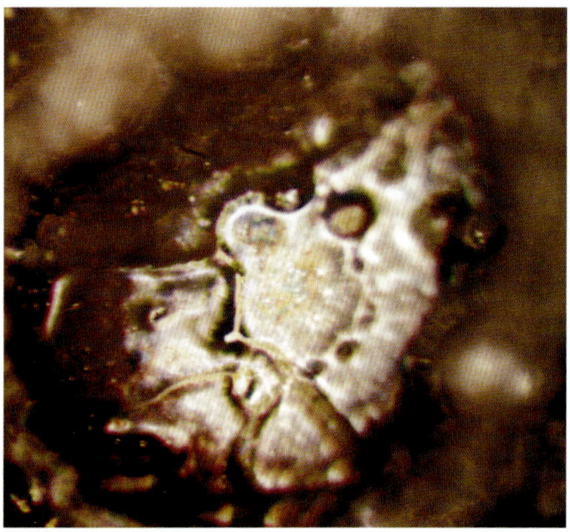

Wasser aus dem Stausee, vor den Anrufungen und dem Gebet.

Wasser aus dem Stausee, nach den Anrufungen und dem Gebet. Es erschien sogar ein heptagonaler (7-eckiger) Kristall.

Wasser aus dem Stausee, nach den Anrufungen und dem Gebet.

Ein Experiment mit Gebeten, aus dem Video »Die Botschaft des Wassers«

Wir wollten den Lesern der *»Botschaft des Wassers«* gerne das Wachsen der Kristalle zeigen. Im Oktober 2002 gelang es uns, verschiedene dieser Prozesse auf Video aufzuzeichnen. Darunter war ein spannendes Projekt, in dem wir die Auswirkungen des Betens in Echtzeit dokumentieren wollten, damit es glaubwürdig wäre. Vier Elternpaare und ihre Kinder beteten nacheinander je drei Minuten lang zu dem Leitungswasser von Tokio, welches normalerweise überhaupt keine Kristalle bildet. Nachdem wir es drei Stunden lang in den Tiefkühlschrank gestellt hatten, nahmen wir die Kristallbildung auf Video auf und die Teilnehmer konnten es gleichzeitig auf einem Bildschirm verfolgen. Die Energie des Gebets der Eltern und Kinder wurde wunderbar übertragen, wie Sie auf dem Bild rechts oben sehen können

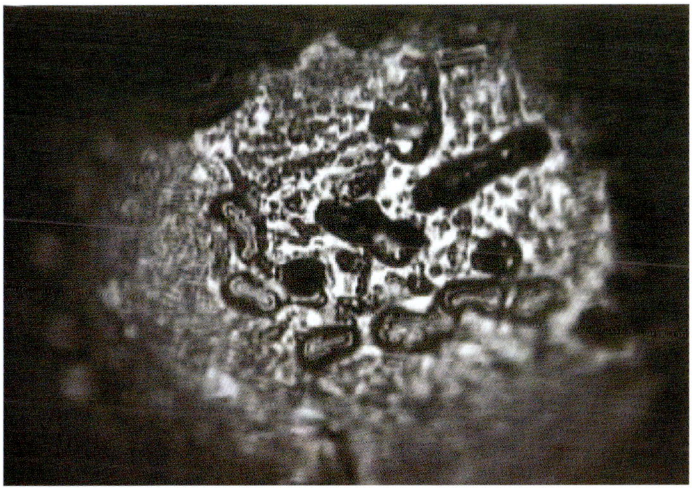

Leitungswasser aus Asakusabashi, Tokio, vor dem Gebet.

Leitungswasser aus Asakusabashi, Tokio, nach dem Gebet.

Eine Gebetszeremonie an einem See in Carapicuiba, Brasilien

Im November 2002 besuchte ich Sao Paulo in Brasilien. Zusammen mit einheimischen NGO-Mitgliedern (Nichtstaatliche Organisationen, die der UN angeschlossen sind) führten wir eine Wasser-Reinigungs-Zeremonie an einem stark verschmutzten See in Carapicuiba durch. Wie Sie auf dem Foto sehen können, waren wir eine kleine Gruppe. Anstatt direkt zu dem Wasser des Sees zu beten entschlossen wir uns daher, Seewasser in eine Flasche zu füllen und uns im Kreis um sie herum zu stellen und so zu beten.
Hinterher stellten wir fest, dass nicht nur das Wasser aus der Flasche jetzt schönere Kristalle bildete, sondern auch das Wasser des Sees! Die Theorie, dass das Ganze in jedem seiner Teile und in jedem Teil das Ganze enthalten ist, wird hier deutlich bestätigt.

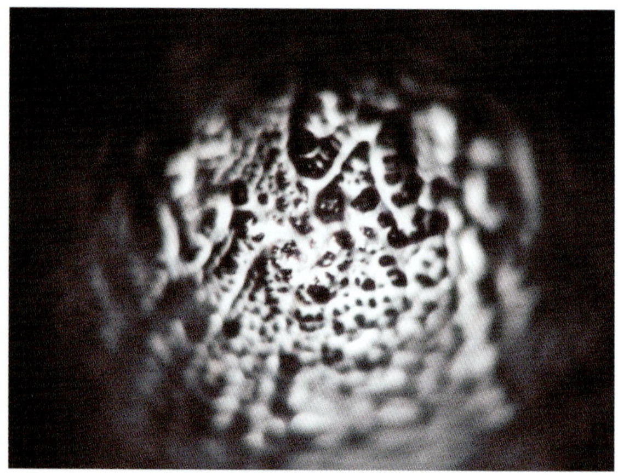

Das Wasser des Sees in Carapicuiba, vor dem Gebet.

Das Seewasser, welches in der Mitte des Gebetskreises gestanden hatte, nach dem Gebet.

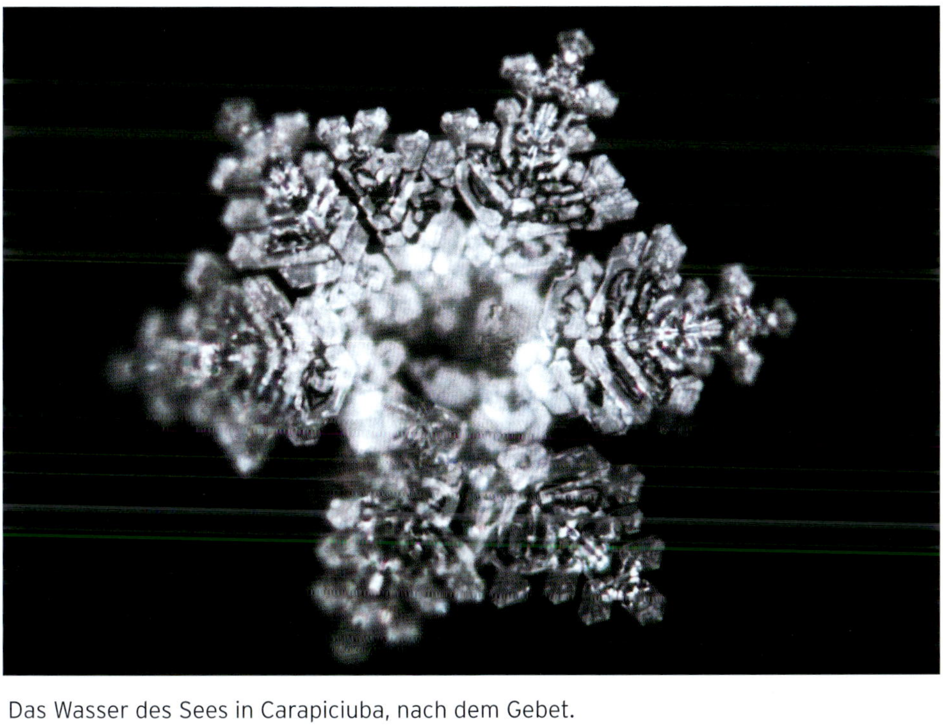

Das Wasser des Sees in Carapiciuba, nach dem Gebet.

Wir wollen dem Wasser der Welt Liebe und Dank geben

In der Morgendämmerung des 25. Juli 2003 stand ich mit 200 Seminarteilnehmern am Ufer des Sees Genezareth in Israel, der im Leben von Jesus Christus eine wichtige Rolle gespielt hat. Als Initiator des Projekts »Liebe und Dank an das Wasser« betete ich in Liebe und Dankbarkeit zu dem Wasser des Sees.

An dem gleichen Tag brachten ungefähr einhundert verschiedene Gruppen in 33 Ländern dort dem Wasser in ähnlicher Weise Gebete der Liebe und der Dankbarkeit dar.

An diesen weltweiten Gebeten nahmen Menschen teil, denen ich entweder direkt auf meinen Reisen in diese Länder begegnet war oder die durch unsere Homepage auf das Projekt aufmerksam geworden waren.

Ich hatte dieses Projekt ins Leben gerufen, mit dem Wunsch, die tiefe Hoffnung auf Frieden zu verwirklichen, die ich auf meinen Vortrags-Reisen in aller Welt überall gespürt hatte. Hier möchte ich Ihnen ein paar der Ergebnisse vorstellen:

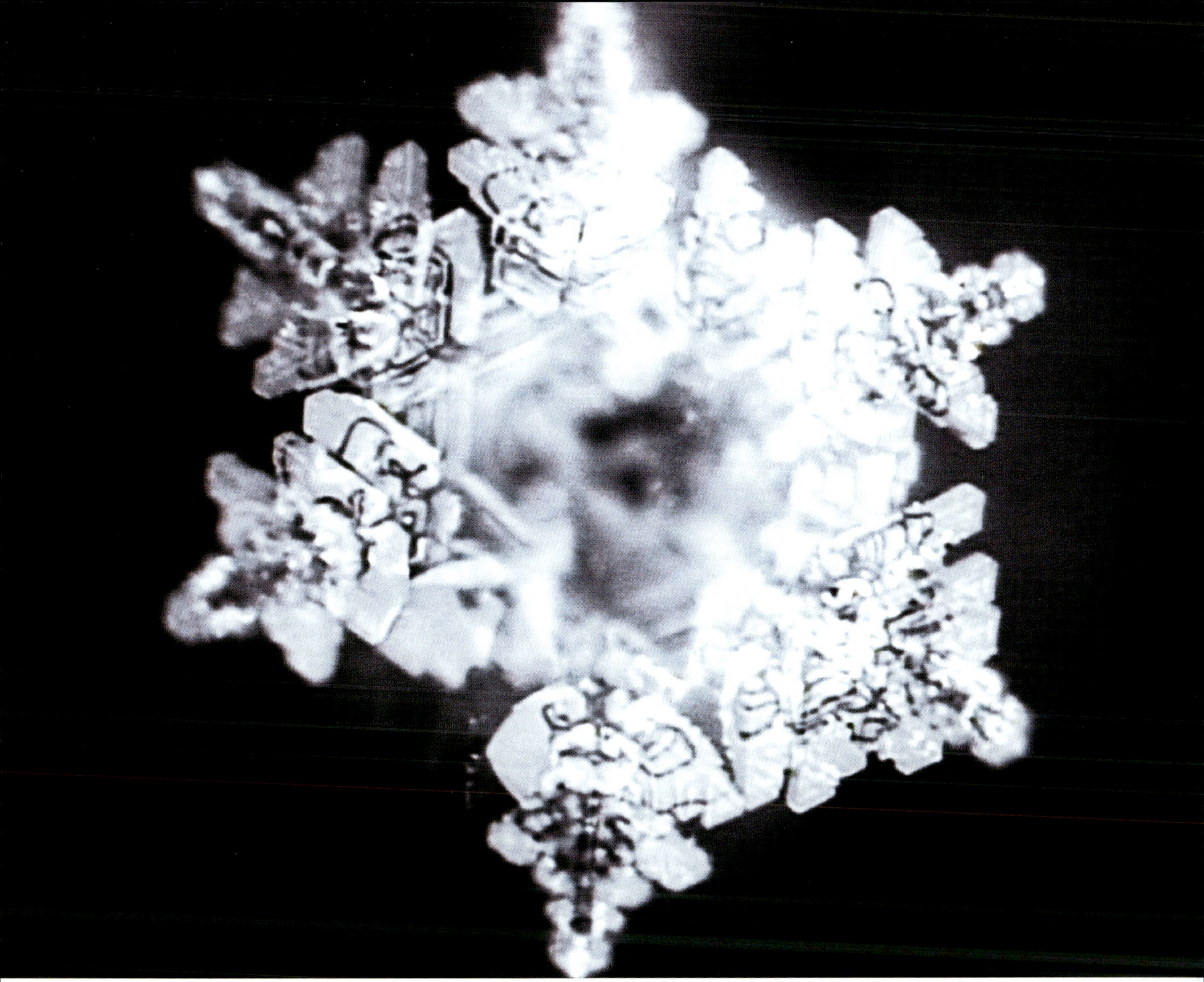

Gebet von Galiläa nach Tokio

Am Vorabend des Projekts »Liebe und Dank an das Wasser« baten wir die 200 Seminarteilnehmer in Israel, Gebete zu einem Gefäß mit Leitungswasser zu schicken, welches in meinem Büro in Tokio stand. Das Leitungswasser von Tokio bildet normalerweise überhaupt keine Kristalle, doch danach entstanden wunderschöne Bilder wie das, welches Sie hier sehen.

Deininger Weiher, Deutschland

Der Deininger Weiher ist ein wunderschöner kleiner Waldsee in der Nähe von München. Man hört hier Vögelzwitschern und Kinderlachen und kann sich wunderbar erholen und entspannen. Am Abend des 25. Juli 2003 versammelten sich hier 250 Teilnehmer, von denen die meisten über das Internet von dem Projekt erfahren hatten, um dem Wasser Gebete der Liebe und der Dankbarkeit darzubringen. Sie sangen:
Wasser, wir lieben dich;
Wasser, wir danken dir;
Wasser, wir respektieren dich.

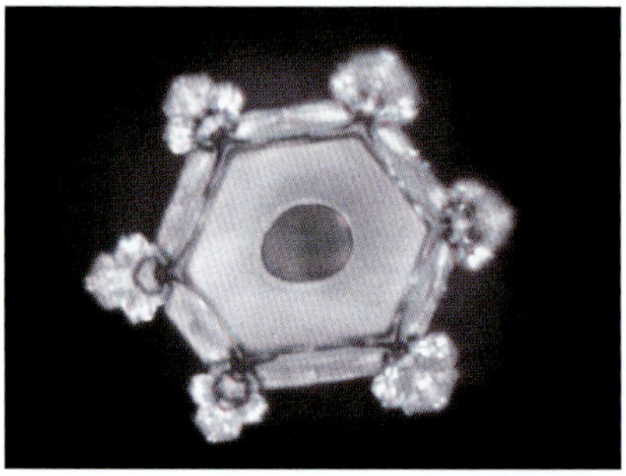

Das Wasser des Deininger Weihers, vor dem Gebet. Wahrscheinlich ist der See relativ wenig belastet, denn wir konnten einen sehr hübschen Kristall fotografieren.

Das Wasser des Deininger Weihers, nach dem Gebet.
Die Vergrößerung ist die gleiche wie bei der Abbildung oben.
Wir können wohl sagen, dass hier eine Menge Energie aufgenommen wurde.

Buan Dam, Jeollabuk-do, Korea

An dem gleichen 25. Juli fand im Zusammenhang mit dem Projekt »Liebe und Dank an das Wasser« ein wichtiges Ereignis in Buan Dam in Korea statt. Kinder sangen Lieder und hatten Bilder von Wasserkristallen zu kleinen Papierschiffchen gefaltet, die auf dem Wasser schwimmen konnten. Ich hoffe, dass diese Zeremonie jährlich wiederholt werden wird. Wasser vermittelt uns eine Philosophie der Liebe und Dankbarkeit und hilft uns, sie auch zu leben. Es ist unser Leben und unser Freund.

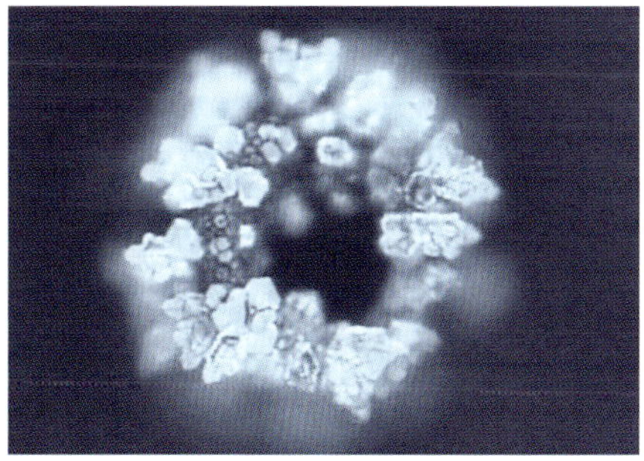

Das Wasser von Buan Dam, vor den Gebeten. Wir hatten Glück, zumindest einen ringförmigen Kristall zu finden.

Das Wasser von Buan Dam, nach den Gebeten. Es bildete sich ein kraftvoller hexagonaler Kristall.

Biwa-See, Japan

Die Ergebnisse, die wir im Jahre 1999 am Biwa-See erzielt hatten (siehe S.144), gaben uns viel Vertrauen und Ermutigung.
Am 25. Juli 2003 war der Himmel bedeckt. Vom Biwa-See aus, der auch der »Mutterleib Japans« genannt wird, strahlten Gebete der Liebe und der Dankbarkeit hinaus in alle Welt.
Es war leider nicht möglich, einen Kreis um den See herum zu bilden, daher formten die Teilnehmer ein Sechseck, und stellten sich an sechs Punkten auf: auf der Chikubu Insel im Norden sowie bei Imazu, Omi-maiko, Otsu und Omi-hachiman am Ufer des Sees.
Die erste Wasserprobe wurde am 23. Juli entnommen, die zweite am 25. Juli spätabends nach der Zeremonie und dann noch eine weitere einen Monat später am 25. August.

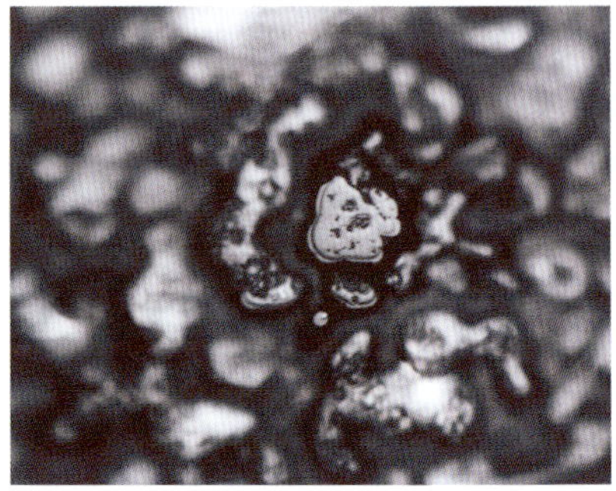

Das Wasser des Biwa-Sees, vor dem Gebet. Leider ist der Biwa-See immer noch stark belastet.

Das Wasser des Biwa-Sees, nach dem Gebet.

Das Wasser des Biwa-Sees, einen Monat nach dem Gebet. Es zeigten sich hexagonale Kristalle, die um ein Vielfaches schöner waren als die ursprünglichen Formen und sogar ein siebeneckiger Kristall, was als Zeichen für eine höhere Dimension gilt.

Hiroshima Friedensgedenkstätte

Am Morgen des 25. Juli 2003 versammelten sich 10 Personen am Ufer des Motoyasu Flusses vor den Ruinen, die die Gedenkstätte für die Atombombenexplosion in Hiroshima bilden. Sie hielten einander an den Händen und beteten in Liebe, Dankbarkeit und Frieden zu dem Wasser, welches sie dem Teich vor der »Flamme des Friedens« in dem Friedens-Park entnommen hatten. Während des Gebets geschah nichts Ungewöhnliches, aber in dem gleichen Augenblick, als sie das Gebet beendeten, begann ein heftiger Wolkenbruch.
Der Regen trommelte Beifall und die Teilnehmer waren überwältigt vor Dankbarkeit.

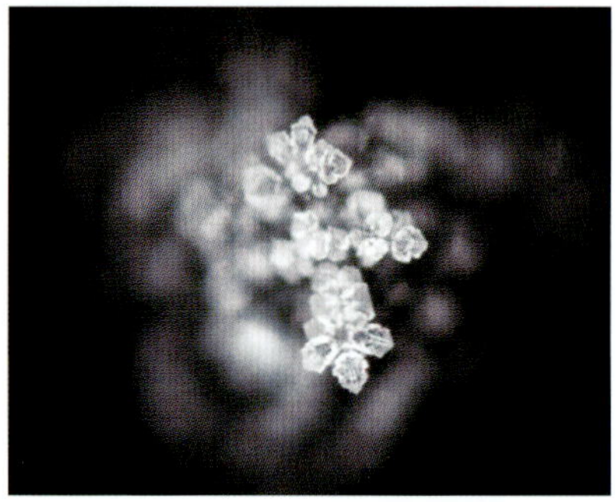

Das Wasser von der Friedensgedenkstätte in Hiroshima, vor dem Gebet. Wahrscheinlich ist dies Leitungswasser, welches durch eine Umwälzpumpe läuft. Wir konnten keine schönen Kristalle finden.

Das Wasser von der Friedensgedenkstätte in Hiroshima, nach dem Gebet. Die »Gestalt des Gebets« ist deutlich zu erkennen. Wenn noch ein paar mehr Leute dabei gewesen wären, hätte sich die Form wahrscheinlich noch vollkommener ausgebildet.

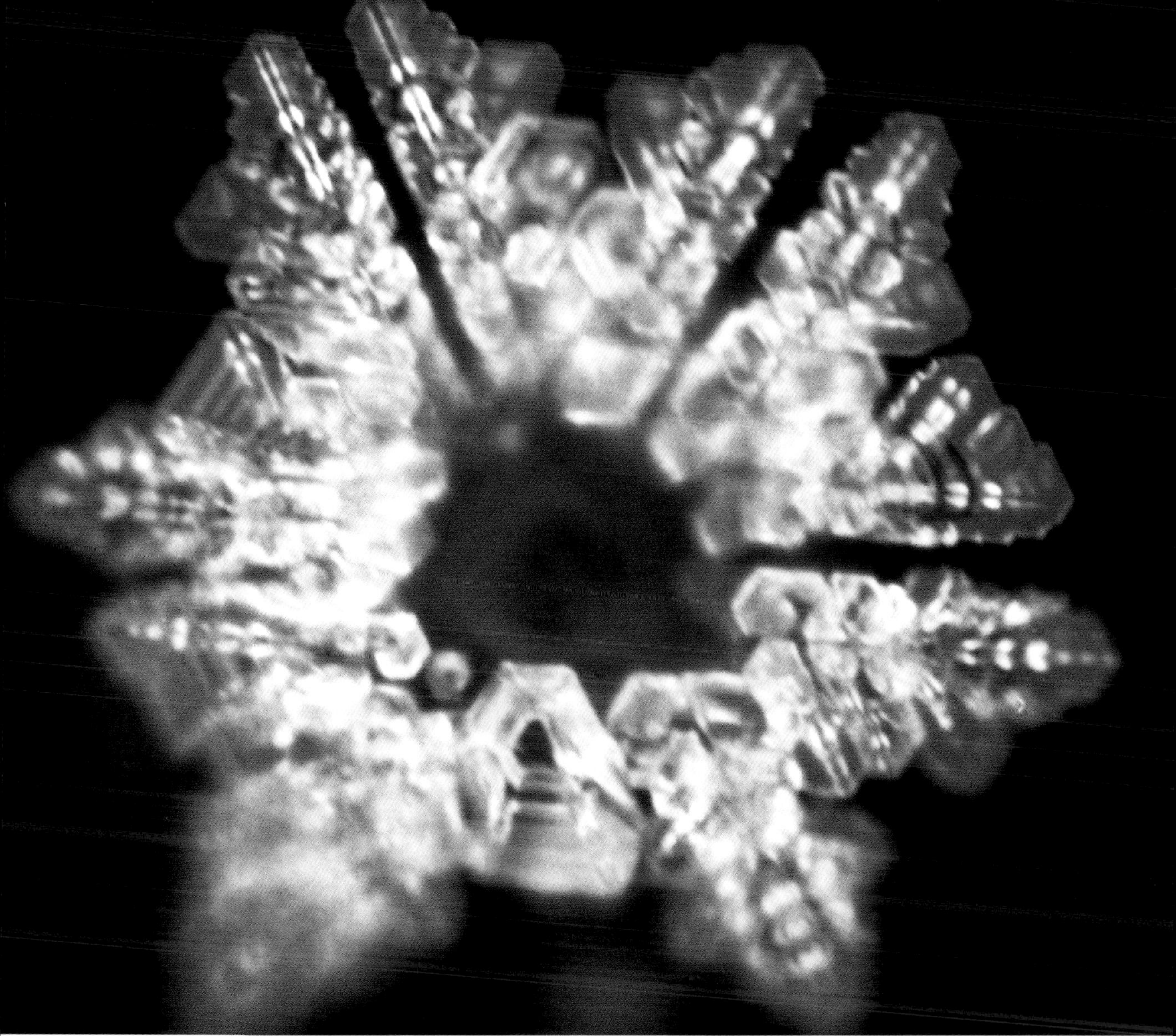

Verdünnte Mischung zum 25. Juli

Wir mischten ungefähr dreißig verschiedene Wässer, die uns aus Japan und von verschiedenen Orten aus aller Welt zugesandt worden waren und zu denen in Liebe und Dankbarkeit gebetet worden war. Da in manchen der Wässer viele Mineralien enthalten waren, verdünnten wir sie eins zu tausend mit destilliertem Wasser, um Kristalle erzeugen zu können. Dieser hier sieht dem Kristall »Gassho« (in Gebetshaltung zusammengelegte Hände) sehr ähnlich (siehe S. 20). Es scheint fast, als zeigten sich die Herzensgebete aus aller Welt in dieser »Gestalt des Gebets«.

Won-jok Tempel, Korea

Im Won-jok Tempel, einem Kloster in Korea gibt es einen Platz, wo das Quellwasser, das von den Bergen kommt, von Nonnen geschöpft wird, die hier täglich beten. Die ganze Zeit wird hier in Dankbarkeit gebetet, so dass ein »Ort der Dankbarkeit« entstanden ist.
Das Quellwasser selbst bildete keine Kristalle, doch an diesem Ort der Dankbarkeit bildete dasselbe Wasser wunderschöne Kristalle gleichsam als eine Verdichtung der Energie der Gebete.

Das Quellwasser des Won-jok Tempels, vor dem Gebet.

Das Quellwasser des Won-jok Tempels, nach dem Gebet.

Ein Experiment an einer Grundschule mit Leitungswasser und Wasser aus dem Watarase Entwässerungsbecken

Ich gab an einer Grundschule ein Seminar, nachdem die Schüler sich mit der *»Botschaft des Wassers«* beschäftigt hatten. Ich zeigte meine Dias mit den Kristallbildern und hatte am Ende meines Vortrags den Eindruck, dass die Schüler begriffen hatten, dass man dem Wasser Worte und Gefühle mitteilen kann.
Als ich dann fragte, wer denn von jetzt an darauf achten würde, keine schlimmen Ausdrücken zu verwenden, hoben fast alle Kinder die Hände. Nach dem Seminar führten wir dann mit den Schülern und Lehrern ein Experiment durch, bei dem wir im Klassenzimmer zu Wasser beteten. Das Experiment war ein großer Erfolg. Die lauteren Gefühle der Kinder spiegeln sich deutlich in den Kristallen.

Das Leitungswasser der Grundschule, vor dem Gebet.

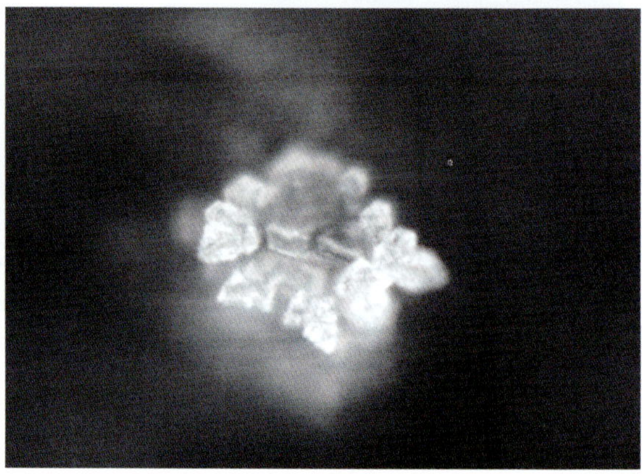

Das Wasser des Watarase Entwässerungsbeckens, vor dem Gebet.

Das Leitungswasser der Grundschule, nach dem Gebet.

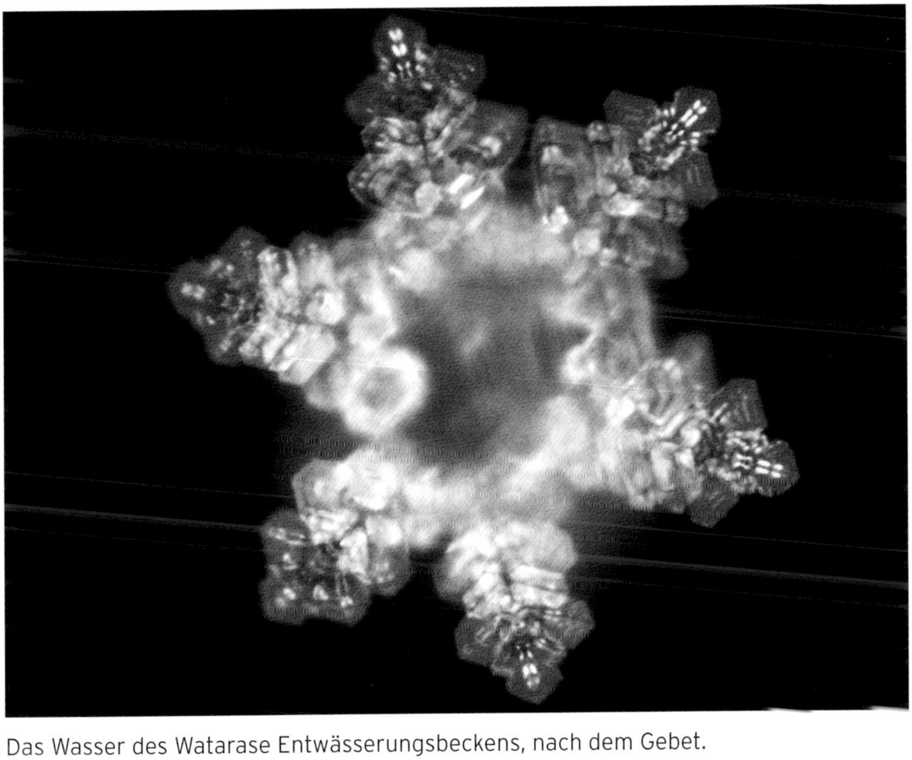

Das Wasser des Watarase Entwässerungsbeckens, nach dem Gebet.

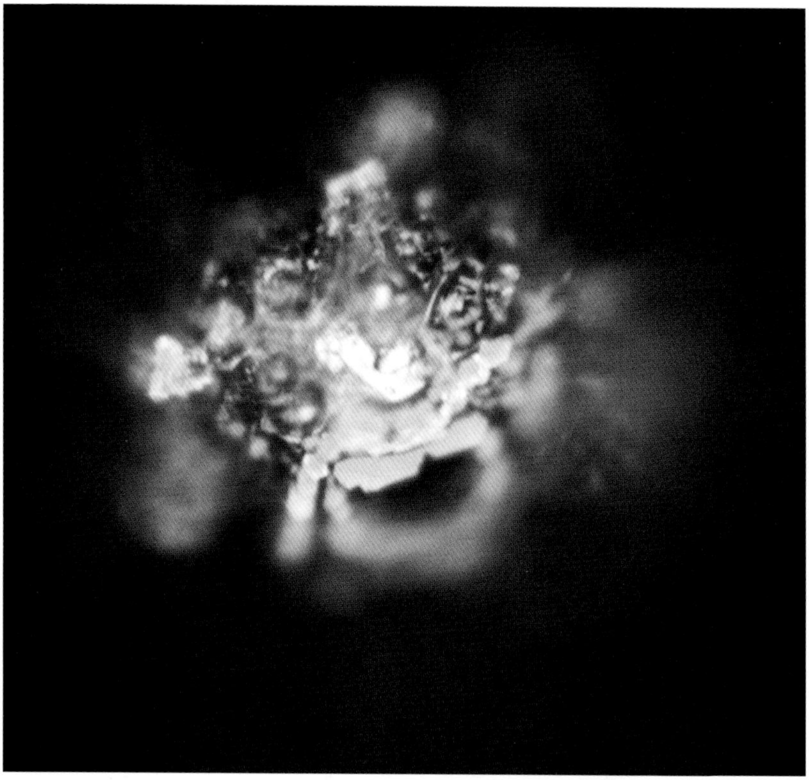

Die Verwandlung von Leitungswasser

Ich wurde gebeten, in einer japanischen Stadt ein Seminar zu geben. Ich bat darum, mir eine Probe des örtlichen Leitungswassers zuzuschicken. Die Kristalle sahen ziemlich schlecht aus, wie Sie oben sehen können. Es war mir unangenehm, das den Bewohnern zeigen zu müssen, deswegen schrieb ich »Liebe« auf die eine und »Liebe und Dankbarkeit« auf die andere Probe und machte neue Aufnahmen. Das Wasser hatte sich wunderbar erholt.

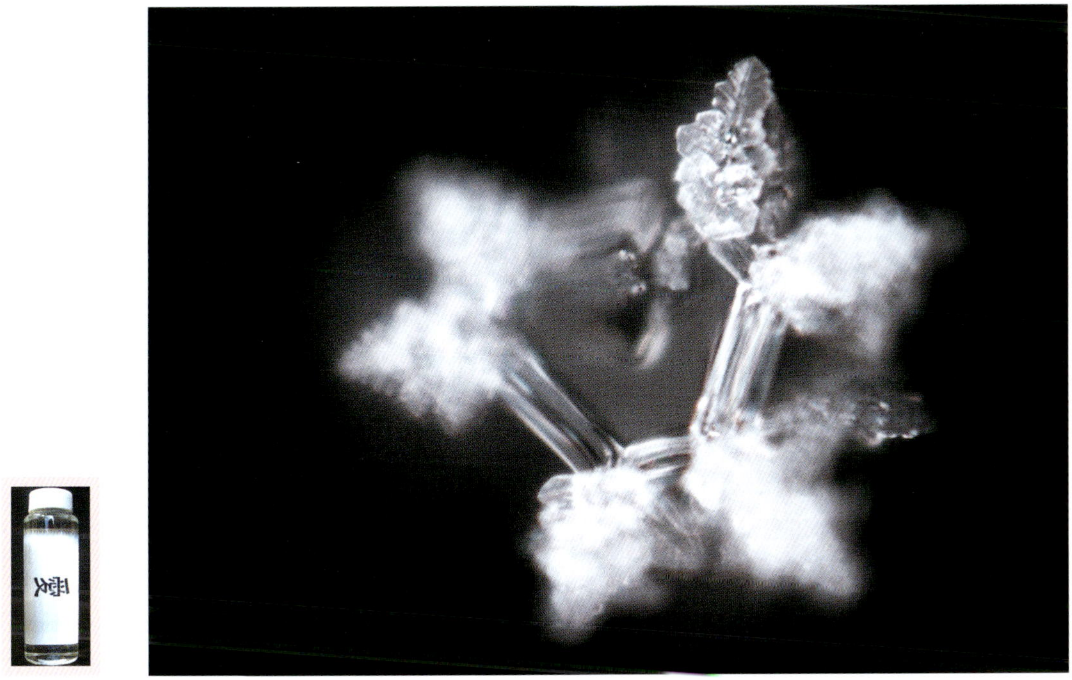

Leitungswasser, nachdem ihm das Wort »Liebe« gezeigt wurde.

Leitungswasser, nachdem ihm die Worte »Liebe und Dankbarkeit« gezeigt wurden.

Severe Acute Respiratory Syndrome (SARS)

Wir zeigten dem Wasser das Wort »SARS«, was »Severe Acute Respiratory Syndrome« (eine oft tödlich verlaufende Infektion der Atemwege) bedeutet. Dann zeigten wir dem Wasser die Worte »Liebe und Dank«

Als letzten Winter so viel über SARS berichtet wurde, hatte ich die Idee, dem Wasser den Begriff »SARS« zu zeigen und dann Bilder von Kristallen zu machen.
Doch die Ergebnisse unterschieden sich nicht besonders von den Bildern, die man bei normalem destilliertem Wasser erhält. Beim nächsten Mal bat ich daher meine Mitarbeiter, nicht die Abkürzung zu verwenden, sondern die Worte auszuschreiben. Wie Sie sehen, kristallisierte das Wasser diesmal sehr viel schlechter als es destilliertes Wasser sonst tut. Eine Abkürzung braucht offensichtlich länger, um sich dem Wasser mitzuteilen. Als nächstes füllte ich jeweils die Hälfte des Wassers um und beschriftete es mit den Worten »Liebe und Dank«. Nach einem Tag machten wir wieder Aufnahmen. Das Ergebnis sehen Sie auf diesen Seiten. Die Kristalle haben sich offenbar wieder erholt, denn es sind wunderschöne Bilder entstanden. Wir können wohl sagen, sie wurden wieder gesund.

Um sicherzugehen wiederholten wir das ganze Experiment noch einmal auf Englisch. Wie Sie sehen gibt es eine große Ähnlichkeit zwischen den englischen und den japanischen Ergebnissen. Dies bestätigte mich in meinen neuen Ideen:

1. Wasser nimmt die genaue Schwingung eines Wortes auf und bringt sie in den Kristallen zum Ausdruck.
2. Solange die japanischen und die englischen Worte korrekt angewendet werden, reagiert das Wasser auf die gleiche Weise.
3. Die Information in den Worten sollte so präzise wie möglich sein.
4. Die Worte »Liebe und Dankbarkeit« haben eine sehr positive Energie.
5. Selbst wenn es beschädigt wurde, kann das Wasser unter den richtigen Bedingungen seine gute Energie zurückgewinnen – es ist also wiederbelebungsfähig.

Der Mensch besteht zum größten Teil aus Wasser.
Daher treffen die oben genannten Aussagen auch auf uns Menschen zu.
Wenn wir das akzeptieren, erkennen wir, es gibt noch Hoffnung im Leben.

Kristalle aus dem destilliertem Wasser, welches unser Ausgangsmaterial war.

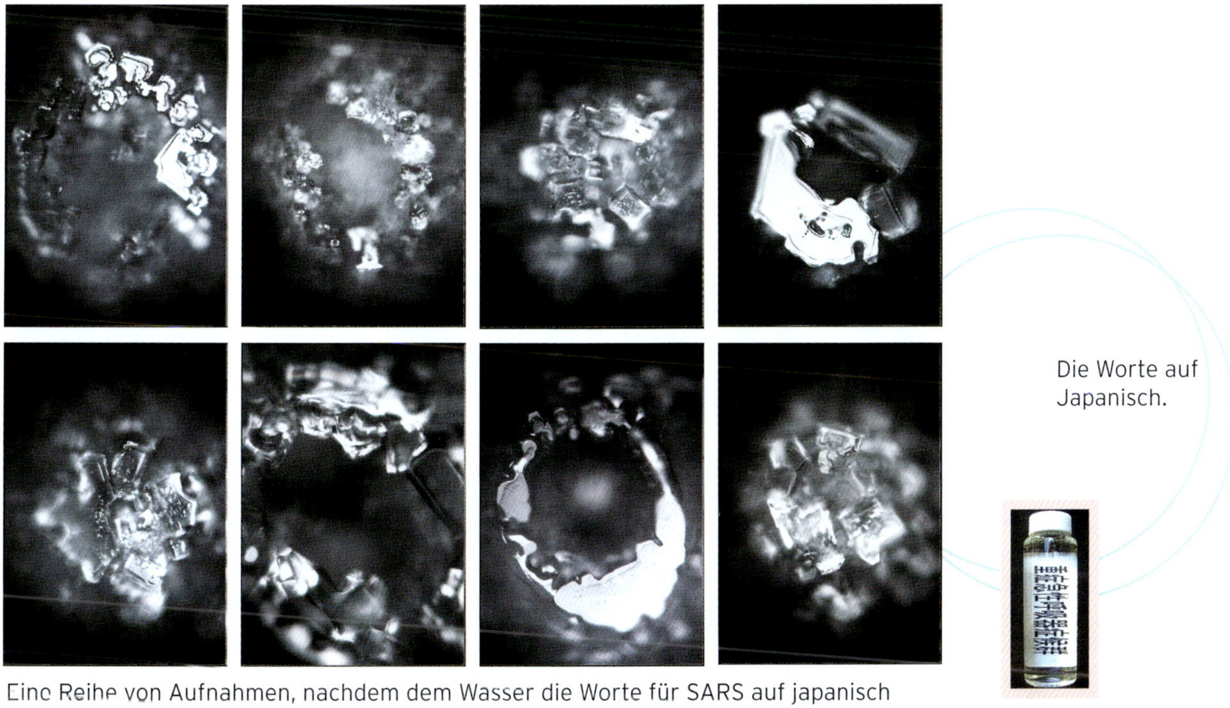

Eine Reihe von Aufnahmen, nachdem dem Wasser die Worte für SARS auf japanisch einen ganzen Tag und eine ganze Nacht lang gezeigt worden waren.

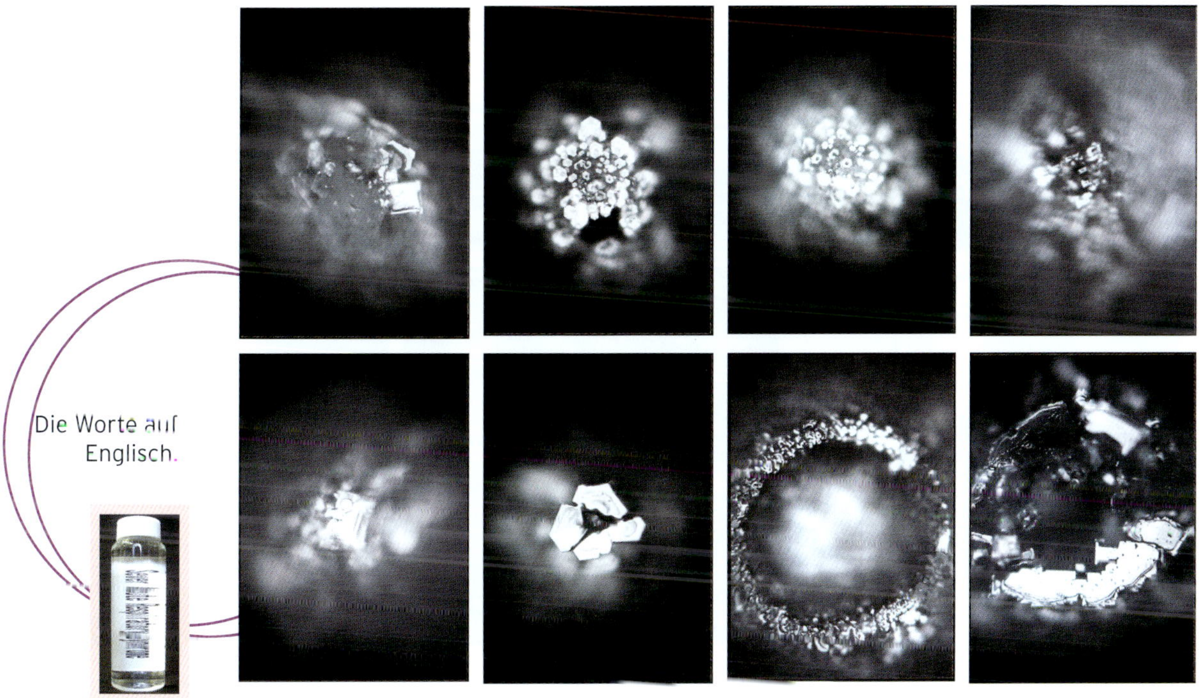

Eine Reihe von Aufnahmen, nachdem dem Wasser die englischen Worte »Severe Acute Respiratory Syndrome« einen ganzen Tag und eine ganze Nacht lang gezeigt worden waren.

… dann zeigten wir dem gleichen Wasser die Worte »Liebe und Dankbarkeit«

Die Worte auf Japanisch.

Das gleiche Wasser, dessen Beschriftung ausgetauscht wurde und das nun die Worte »Liebe und Dankbarkeit« auf Japanisch trug.

Das gleiche Wasser, bei dem das Etikett »Severe Acute Respiratory Syndrome« durch ein Etikett mit den Worten »Liebe und Dankbarkeit« auf Englisch ersetzt worden war.

Liebe und Dankbarkeit

Der Anblick des Kristalls von »Liebe und Dankbarkeit« hat meine Vision des Kosmos grundlegend verändert. Das Konzept von »Liebe und Dankbarkeit« hat die herrlichsten Kristalle hervorgebracht, die wir bislang fotografiert haben. Es ist das Konzept des Universums, vielleicht sogar Gottes wohlwollende Absicht. Durch diesen Kristall wurde mir eine greifbare, reine und tiefgründige Vision eines Kosmos zuteil, in dem die aktive Energie der Liebe und die passive Energie des Dankes miteinander in Resonanz schwingen und so das Universum erschaffen.

Die Energie verändert sich mit der Form des Betens

Die im ersten Kapitel eingeführte »Gestalt des Gebets« war die der zusammengelegten Hände. Diese Haltung ist auf der ganzen Welt verbreitet, auch wenn es geringfügige Unterschiede gibt, wie zum Beispiel das Verschränken der Finger oder das Erheben der Arme. Das Klima und die Religion haben Einfluss, aber die Grundform ist die gleiche.
Wir führten daher ein Experiment durch, um zu sehen, ob die Kristalle einen Unterschied zeigen, je nachdem, ob wir im Kreis stehen und uns an den Händen halten oder jeder für sich die Hände faltet.
Auf der rechten Seite sehen Sie Bilder von Kristallen, als wir beteten, indem wir uns alle an den Händen hielten und die Bilder auf der nächsten Seite sind entstanden, nachdem wir einzeln mit zusammengelegten Handflächen gebetet hatten. Die übrigen Bedingungen blieben dieselben, es war derselbe Ort, dieselben Beteiligten, dasselbe destillierte Wasser und derselbe Fotograf.

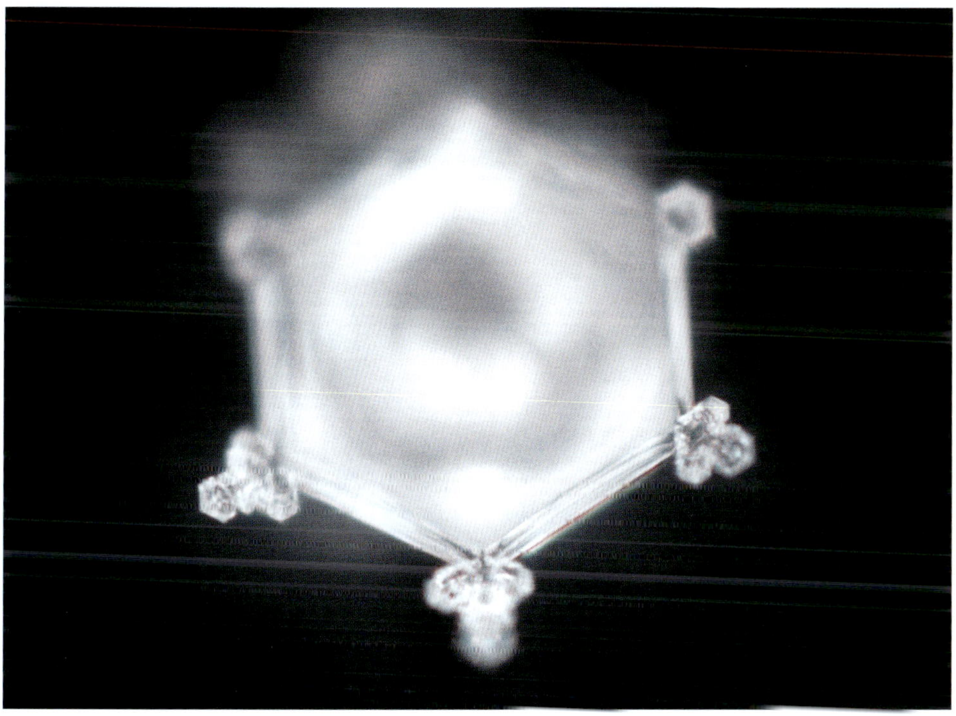

Nach dem Beten, bei dem wir uns an den Händen gehalten haben.

Die Energie verändert sich mit der Form des Betens

Wie Sie auf der rechten Seite sehen, waren die Kristalle eindeutig klarer und vielfältiger entwickelt, als jeder von uns die Hände individuell zum Gebet gefaltet hatte. Das zeigt, dass diese Art des Betens in der »Gebetshaltung« eine hohe positive Energie enthält.
Nachdem wir dieses Ergebnis gesehen hatten, fragte ich die Teilnehmer, wie sie sich bei dem Experiment gefühlt hätten. Die Aussagen waren sich alle sehr ähnlich: »Mit zusammengelegten Händen konnte ich alle anderen Gedanken besser ausschalten und mich besser auf das Gebet konzentrieren.«
Ich hatte selbst an dem Experiment teilgenommen und mir war es genauso ergangen. Dies führt uns zu der Lauterkeit des Gebets, über die wir später noch ausführlicher sprechen werden. Auf jeden Fall bete ich seit diesem Experiment jeden Tag mit zusammengelegten Handflächen und ermutige auch alle in meiner Umgebung dazu.

Mit gefalteteten Händen beten.

Nach dem Gebet mit gefalteten Händen.

Glück

Was ist wahres Glück?
Ist es möglich, dass nur Sie glücklich sind? Ist es möglich, dass nur Ihre Familie glücklich ist?
Ist es möglich, dass nur Ihr Land glücklich ist? Ist es möglich, dass nur Ihr Planet glücklich ist?

Nein, nein. Das ist nicht möglich.
Denn ich glaube, dass Glück, was auf japanisch »Shiawase« heißt, das Gleiche bedeutet wie »shi-a-wa-se«. Das bedeutet Wasser, welches ruhig ist und in Frieden mit allen vier Himmelsrichtungen.
Von »glücklichem« Wasser umgebene Bäume und Blumen sind voller Lebendigkeit. Sie sind kräftig grün und produzieren frische, saubere Luft, die wir atmen können. Wenn sie vergehen, bilden sie reichhaltigen Boden. So entsteht eine Welt, in der alles Lebendige in Harmonie miteinander leben kann.

Ich glaube also, dass wir wahres Glück nur erfahren können, wenn alle von ruhigem, friedvollem Wasser umgeben sind.
Aber wie können wir dieses Glück erlangen?

Wir könnten uns zum Beispiel an die Zahl wenden, die als Schöpfer dieses Universums gilt, denn in der Tat beginnt der Kosmos mit »1«.
»1« bin Ich selbst, sind Sie selbst.

Lasst uns selbst als Erstes glücklich sein. Wie?
»Liebe dich selbst«.

Zum Abschluss

Ich glaube, dass die Menschheit im Augenblick an einem bedeutenden Wendepunkt steht. Die Wellen des Terrorismus haben seit den tragischen Ereignissen vom 11. September 2001 nicht im Geringsten nachgelassen, sondern nehmen an Einflussbereich und gemessen an der Zahl der Opfer eher zu. Selbst Japan, das auf seine Ruhe und Ordnung so stolz ist, fühlte sich gezwungen, an diesem Ringen um Frieden teilzunehmen.

Unter der Fahne der Freiheit kämpfen die Vereinigten Staaten schwer um den Weltfrieden. Doch ihr Ansatz hat wahrscheinlich die anti-amerikanischen Kräfte erst recht wachgerüttelt und zur Rebellion angestachelt. Wenn nichts unternommen wird, kämpfen sie so lange, bis einer der Gegner zu Boden geht. Das können wir nicht zulassen. Die Erde kann solch einen Krieg mit all seinen Katastrophen nicht lange aushalten. Die negativen Wellen der gegenseitigen Drohungen werden die Kristallstruktur des Wassers, unser Blut und die Lebensadern dieses Planeten zerstören.

Doch auch das, was ich in diesem Bildband gezeigt und bewiesen habe, trifft zu.

Wenn es so weitergeht wie bisher, kann daraus eine Epidemie werden, gegen die der Schwarze Tod, die Pest des 14. Jahrhunderts, harmlos war. Die Anzahl der Opfer wird wahrhaft überwältigend sein, denn die Weltbevölkerung umfasste im ersten Jahrhundert nach der Zeitenwende weniger als 180 Millionen, um 1900 waren es schon 1,5 Milliarden, 1950 2,5 Milliarden und heute sind es 6,3 Milliarden Menschen. Das bedeutet, dass die Weltbevölkerung in den letzten 50 Jahren um 3,8 Milliarden gewachsen ist. Das ist auf geradezu absurde Weise unnormal. Wir haben uns viel zu schnell vermehrt und deswegen zu viel Energie verbraucht und missbraucht. Dadurch wurde die Atmosphäre erhitzt. Die Erde bekam sozusagen »Fieber«. Sie ist krank. Das Immunsystem der Erde, des Mutterleibs der Menschheit, ist so weit erschöpft, dass sie es fast nicht mehr ertragen kann.

Wer hat das verursacht? Niemand ist dafür persönlich verantwortlich, sondern wir alle zusammen. Es konnte so weit kommen, weil wir nichts tun als uns zu beklagen. Es herrscht ein Gefühl der Hilflosigkeit, als wenn dem morgendlichen Aufstehen schon nichts als Niederlagen folgen könnten.

Doch nein! Das ist nicht wahr! Wie ich Ihnen auf all diesen Bildern gezeigt habe, kann das lautere Gebet für den Frieden diese Epoche zu einem glücklichen Ende führen, genauso wie die Menschheit vor dreiunddreißig Jahren das glückliche Ende der Apollo 13 Mission beobachten konnte.

Lasst uns zusammen beten. Wir wollen unsere Hände zu einem Gebet für den Frieden falten. Dreißig Sekunden am Tag sind schon genug. Lasst uns morgens beim Aufwachen und abends vor dem Einschlafen unsere Hände falten und beten. Das ist die Botschaft des Wassers.

Mein Enkelsohn wächst rasch. Inzwischen ist er schon größer als die Katze.

Wasser und die Kraft des Gebets

Kommentar

Was haben Sie gefühlt, während Sie *Wasser und die Kraft des Gebets* lasen? Ich habe dieses Buch als eine Art Fotoalbum gestaltet, damit der Leser unbeeinflusst über die Bilder staunen und sich in sie hineinfühlen kann. Deshalb habe ich die Kommentare so kurz wie möglich gehalten. Als Autor und Entwickler dieser Technik des Fotografierens von Wasserkristallen würde ich Ihnen jedoch gerne noch mehr darüber erzählen.
Dieses Buch befasst sich mit Fragen, die wir dem Wasser zum Thema »Gebet« gestellt haben und ich habe ein wenig von meinen Interpretationen der Ergebnisse mitgeteilt. An dieser Stelle möchte ich nun etwas detaillierter auf die Bedeutung des Betens, die verschiedenen Stile und die Macht der Worte eingehen.
Der Titel dieses Buches lautet ja »Wasser und die Kraft des Gebets« und so werde ich alle, die sich auf meine Ideen einlassen konnten, dazu einladen, mit mir zusammen ein Gebet für den Weltfrieden zu sprechen.

I. Die Entstehung und die Hintergründe der Kristall-Fotografie

Ich mag den Fragen-und-Antworten-Teil am Ende von jedem Seminar, weil ich oft selbst viel dabei lerne. Ich freue mich über die Herausforderung, denn viele der Antworten werden mir erst in genau diesem Augenblick bewusst und beantworten auch meine eigenen Fragen. Ich wachse also gleichzeitig mit meinen Teilnehmern. Eine immer wiederkehrende Frage ist jedoch die, wie ich denn dazu gekommen sei, Wasserkristalle zu fotografieren.

Meine Begegnung mit einem Wasserexperten

Im November 1986 hatte ich die Gelegenheit die japanischen Verkaufsrechte für das neueste Modell eines Niedrigfrequenz-Therapiegerätes aus den USA zu erwerben. Ich machte mich damit als Verkäufer selbstständig und gründete I.H.M. (International Health Medical). Ich war damals 43 Jahre alt.
Da mein Produkt aus den USA kam, reiste ich oft nach Kalifornien. Mein Partner dort war Dr. Lee H. Lorenzen, der später das Mikrocluster-Wasser entwickelte. Auf seiner ständigen Suche nach neuen Heilmitteln für seine kranke Frau war er schließlich beim Wasser gelandet.
Aus einer ganzen Reihe von Gründen verstand ich mich mit Dr. Lorenzen sehr gut. Ich fühlte mich zu seiner Arbeit mit dem Wasser sehr hingezogen, und obwohl ich keinerlei wissenschaftlichen Hintergrund besaß, unterstützte ich seine Forschungen so gut ich konnte.

Das MRA als HADO-Messinstrument

Je mehr ich mich mit Wasser befasste, desto klarer wurde mir, dass nur äußerst wenig über sein eigentliches Wesen bekannt war. Ich fand heraus, dass es zwar Instrumente gab, um die Inhaltsstoffe des Wassers zu messen, aber nichts, womit man die Qualität des Wassers selbst messen konnte. Ich sprach mit Dr. Lorenzen darüber, ob er so ein Instrument finden könnte.
Daraufhin erhielt ich ein Gerät, das sich »Bio Cellular Analyzer« nannte, welches von einem jungen Forscher namens Ronald J. Weinstock in Kalifornien zur Entwicklung von homöopathischen Heilmitteln[1] verwendet wurde.

Es faszinierte mich, also kaufte ich drei solche Geräte und nahm sie mit nach Japan. Ich nannte das Gerät MRA (Magnet-Resonanz-Anzeiger), weil sein Entwickler mir gesagt hatte, dass es mit magnetischer Resonanz arbeiten würde. Die auch MRA genannte Magnet-Resonanz-Angiographie, mit der heutzutage Blutgefäße untersucht werden, war damals noch wenig verbreitet und mir unbekannt.

Das MRA als Musikinstrument

Doch die Geräte, die ich mitgenommen hatte, waren für nicht ausgebildete Leute kaum zu handhaben. Sie landeten bald im Keller. Zu jener Zeit führte ich eine Praxis für Akupunktur und Moxa-Behandlungen, die mir auch als Anlaufstelle für den Verkauf der Niedrig-Frequenzgeräte diente. Von den bei mir angestellten Therapeuten war keiner in der Lage, das Gerät in der Weise einzusetzen, die ich dafür vorgesehen hatte.

Durch unvorhersehbare Umstände verlor ich nach einer Weile die Verkaufslizenz für die Niedrig-Frequenzgeräte, obwohl ich einen guten Umsatz hatte. Ich musste meine Praxis schließen und blieb mit nichts zurück, außer diesen drei MRA-Geräten.

In meiner Not holte ich sie also wieder aus dem Keller und versuchte, der einfachen Gebrauchsanweisung zu folgen. Da ich von Mechanik keine Ahnung habe, gebe ich solche Versuche normalerweise nach höchstens dreißig Minuten auf, aber diesmal blieb ich dran. Eine Stunde verging und noch eine. Ich konnte noch nie gut mit Maschinen oder Gebrauchsanleitungen umgehen, aber ich hatte schon immer ein besonderes Talent für Musikinstrumente. Ohne jegliche Anleitung bin ich in der Lage, nach kurzer Zeit auf unterschiedlichsten Instrumenten wie Klavier, Geige oder Trompete zu spielen, wenn auch oft auf meine eigene Weise. Nach ungefähr einer halben Stunde kann ich auf beinahe jedem neuen Instrument zumindest eine Tonleiter hervorbringen.

Im Rückblick scheint es mir, als wäre das MRA für mich wie ein Musikinstrument gewesen. Da es bei der Magnet-Resonanz im Wesentlichen um Resonanz geht, musste ich eigentlich nur lernen, verschiedene Klänge zu unterscheiden. Zu jener Zeit wusste ich allerdings noch nicht, was das bedeutete.

Die Herstellung von HADO-Wasser mit dem MRA

Es war, als hätte ich damals einen inneren Blick entwickelt, der es mir erlaubte, von allen möglichen Dingen die Schwingung zu messen. So lernte ich das, was mich so brennend interessierte: die Qualität von Wasser zu messen. Außerdem konnte man mit dem MRA Schwingungsungleichgewichte im menschlichen Körper messen und dann kopieren (weshalb ich es HADO[2] nannte), um sie auszugleichen. Ich entschied mich dabei für Dr. Lorenzens Mikrocluster-Wasser als das Medium, in das ich diese Schwingungen kopierte.

Wie gesagt war der MRA eigentlich zur Herstellung homöopathischer Heilmittel entwickelt worden. Ronald Weinstock hatte seine Informationen in eine fünfundzwanzigprozentige Alkohollösung kopiert. Zu jener Zeit war Homöopathie jedoch in Japan noch verboten und ich konnte niemandem Alkohollösungen geben, ohne gegen das pharmazeutische Gesetz zu verstoßen. Es schien also keine Alternative zu Dr. Lorenzens Wasser zu geben. Dabei verstand ich damals noch nichts von der Fähigkeit des Wassers Informationen aufzunehmen.

Heute denke ich, dass ich einfach großes Glück hatte, dass mir keine andere Möglichkeit einfiel, als Wasser zu nehmen. Vielleicht haben meine Gefühle von »Wasser ist meine einzige Hoffnung« und »Wasser ist das Einzige, worauf ich mich jetzt verlassen kann« eine gewisse Lauterkeit in den Prozess gebracht.

HADO-Wasser wirkte bei zahlreichen Krankheiten

Am Anfang führte ich meine HADO-Messungen vor allem an Mitarbeitern, Familienmitgliedern und Freunden durch und verabreichte ihnen dann das korrigierende HADO-Wasser, doch ich erkannte allmählich, dass diese Technik wunderbar effektiv mit einem der blinden Flecken der modernen Medizin umgehen kann. Durch Mund-zu-Mund-Propaganda wurde ich im Laufe des Jahres 1987 ganz natürlich zu einem alternativen Heiler.

Ich arbeitete ungefähr sieben Jahre lang an der »Heilung von Krankheiten«. Ich erzielte bei vielen schweren Fällen bemerkenswerte Ergebnisse, die ich in drei Büchern dokumentierte und zusammenfasste.[3]

Als ich diese Bücher veröffentlichte, hatte ich bereits ein tiefes Verständnis von HADO gewonnen. Ich glaubte, dass es ohne ein Verständnis von HADO für die Menschheit keine Zukunft geben könne. Doch es interessierte sich nur eine bestimmte Sorte von Menschen dafür. Der größte Teil der Öffentlichkeit beachtete die Bücher nicht und sie verkauften sich nicht besonders gut.

Ich wunderte mich, warum die Leute nicht erkannten, wie bedeutend und gleichzeitig einfach es ist. Mir wurde klar, dass die Leute nichts glauben, was sie nicht sehen können. Also beschloss ich trotzig, es sichtbar zu machen. So kam es zur Entwicklung der Fotografie gefrorener Wasserkristalle.

Wenn wir HADO nur sichtbar machen könnten…

Im Sommer 1994 kaufte ich im Vorübergehen ein Buch mit dem Titel »The Day That Lightning Chased the Housewife And Other Mysteries of Science« von Julia Leigh. Als ich wieder in meinem Büro war und das Buch aufschlug, fiel mein Blick auf den Satz: »Keine Schneeflocke gleicht der anderen.« Ich murmelte: »Das ist es!« und dachte, Schnee ist schließlich einfach gefrorenes Wasser. Wenn wir das Wasser gefrieren, dann wird es kristallisieren. Und wenn wir dann Fotos von den Wasserkristallen vor und nach dem Kopieren des HADO machen, dann können wir den Leuten zeigen, wie sich das Wasser verändert hat. Dann würden die Leute sicherlich die Existenz von HADO bemerken und akzeptieren. Ich erinnere mich, dass ich mir meiner Sache sofort sehr sicher war.

Die Geburt der Kristallbilder

Im Herbst 1994 begann meine Vision Form anzunehmen. Nach ungefähr zwei Monate langem fruchtlosem Bemühen setzte einer meiner Mitarbeiter meine Entschlossenheit, Bilder von den Kristallen zu machen, in die Tat um. Er war ein guter Wissenschaftler, ein lauterer Mann, der gerade an der Universität seinen Doktor gemacht und erst im Frühjahr bei uns angefangen hatte. Nach meiner Erfahrung halte ich persönliche Lauterkeit für eine unabdingbare Voraussetzung bei dieser Arbeit.

Nachdem er sich ungefähr zwei Monate lang durch eine lange Reihe von Fehlschlägen gekämpft hatte, kam er eines Tages im September ganz aufgeregt in mein Büro gelaufen. Sein Gesicht strahlte und in seiner Hand hielt er ein Bild. »Ich hab's, Chef!«, rief er und zeigte mir das Bild, welches Sie rechts sehen. »Sie haben es! Vielen Dank!«, erwiderte ich und wir schüttelten uns enthusiastisch die Hände. Ich werde nie vergessen, wie tief bewegt ich war.

Wir haben dann mehr als fünf Jahre lang praktisch jeden Tag mit den verschiedensten Methoden Wasserkristalle fotografiert. Die Idee, dem Wasser Worte und Bilder zu zeigen, war aus der HADO-Arbeit entstanden, so dass es ganz natürlich für mich war, sie zu übernehmen. Eine Auswahl dieser Bilder veröffentlichten wir dann im Juni 1999 unter dem Titel *Die Botschaft des Wassers*.

Inzwischen ist dies unser zehntes Jahr. Jeden Tag fotografieren unsere Mitarbeiter in den Kühlräumen alle möglichen Arten von Wasserkristallen. Seit 1999 haben wir uns vergrößert, so dass wir inzwischen über sechs Mitarbeiter und drei Kühlräume verfügen. Wir können also dreimal mehr Aufnahmen machen als in den ersten Jahren, was unsere Ergebnisse zuverlässiger macht.

Im Folgenden möchte ich jetzt etwas intensiver auf die Experimente eingehen, die wir im Zusammenhang mit dem Thema »Gebet« durchgeführt haben.

Unser allererstes Kristallbild.

II. Gebete und Worte verändern Wasser und Kristalle – Vier Fallstudien

1. Fallstudie: Experiment mit den Gebeten von 500 HADO-Lehrern

Den ersten Erfolg mit diesem Ansatz konnten wir im Jahre 1996 verzeichnen. Ich stellte ein Gefäß mit Leitungswasser auf meinen Schreibtisch in meinem Büro in Tokio und bat alle japanischen HADO-Lehrer [4], am 22. Februar um 14 Uhr folgende Sätze zu sprechen:
»Das Wasser auf dem Schreibtisch des Direktors in Shinagawa, Tokio, ist sauber geworden. Vielen Dank.«
Mehr nicht. Um 14.05 Uhr froren wir das Wasser ein. Nach dreieinhalb Stunden kam der Mitarbeiter staunend aus dem Kühlraum und meinte: »Das kann nicht wahr sein!« Das Bild rechts zeigt, was wir damals fotografiert haben. Meine HADO-Kollegen hatten wohl Vertrauen in mich. Ihre Worte und Wünsche wurden reines HADO und konnten so die Entfernung überwinden.
Ich führte dieses Experiment durch, weil ich erfahren hatte, wie leicht es ist, Wolken aufzulösen. Ich habe dieses von Betty Shine in England begonnene Spiel von einem Freund gelernt. Man sagt zu den Wolken am Himmel: »Die Wolken sind verschwunden. Vielen Dank.« Und sie verschwinden. Es ist wichtig, es in der vollendeten Gegenwart auszudrücken. Ich habe das Wolken-Auflösen seitdem vielfach vor Zeugen durchgeführt. Man nannte mich schon den »Wolkenspiel-Mann«.
Natürlich habe ich mich gefragt, wie es möglich ist, Wolken nur durch Worte aufzulösen. Nach meinen Erfahrungen mit der Heilung vieler Arten von Krankheit durch HADO glaube ich, dass der Schwingungsaspekt der Worte eine Art physikalische Wirkung auf die aus Wasser bestehenden Wolken hat. Da es ein Leichtes ist, Wolken bis zu einer gewissen Größe auch aus großer Entfernung aufzulösen, wollte ich das gleiche Spiel auch auf Wasser übertragen, indem ich meine HADO-Kollegen bat, Worte zu dem Wasser in Tokio zu senden.

Das Gebet verwandelte das Leitungswasser von Tokio, das normalerweise keine Kristalle bildet, so dass sich wunderschöne Kristalle bildeten.

2. Fallstudie: Die Reinigung des Staudammwassers durch Anrufungen und Gebete

Ist Wasser ein Führer zu anderen Dimensionen?

Es gab zu dem Reinigungs-Experiment mit Hilfe von Anrufungen und Gebeten, welches auf Seite 102 vorgestellt wurde, noch eine Fortsetzung. Eine Woche nach dem Experiment informierte uns das Büro des Oberpriesters Kato über den Bericht eines lokalen Fernsehsenders, dass man in dem See am Fujiwara Damm eine Frauenleiche gefunden habe. Am folgenden Tag konnte man den Mörder der Frau festnehmen.

Die drei von uns, die am Fujiwara Damm gewesen waren, erschraken über diese Nachricht. Wir schauten uns dann die Kristallbilder noch einmal genau an, die aus der vor den Gebeten entnommenen Wasserprobe gemacht worden waren. Und tatsächlich konnte man darauf eine sich unter Schmerzen krümmende Frau erkennen. Ich fand das zwar unglaublich, doch konnte ich es mir so erklären, dass die Anrufungen und Gebete des Priesters die Seele der Frau erlöst und ihren Körper ans Tageslicht gebracht hatten.

Unter den Bildern, die nach den Gebeten aufgenommen worden waren, zeigten etliche einen heptagonalen Kristall statt eines normalen hexagonalen. Unter den oben beschriebenen Umständen erschien es mir so, als würden die hexagonalen Kristalle die dreidimensionale Welt repräsentieren und die heptagonalen eine Information aus der 3,5-dimensionalen Welt, also der Welt der Geistwesen enthalten. Auf der Grundlage dieses Experiments nehme ich an, dass Wasser Dimensionen transzendieren und uns Informationen über andere Dimensionen vermitteln kann.

Das Gebet als Blaupause zur Erschaffung der Welt

Fünf Jahre später erkannte ich noch etwas anderes Wesentliches durch dieses Experiment.

Das Wasser aus dem Fujiwara Stausee war sowohl vor als auch nach den Gebeten stark verschmutzt gewesen. Wir konnten durch die Plastikflasche sehen, wie trüb es war. Ich hatte mich immer gefragt, wie derart verschmutztes Wasser solch himmlische Kristalle bilden konnte.

Die Erklärung wurde im Frühjahr 2003 durch den absurden Anspruch einer Schweizerin eingeleitet, sie sei die Urheberin dieses Kristallbildes. Sie behauptete das in ihren Seminaren und Rundbriefen, so dass ich mich schließlich gezwungen sah, mir einen Schweizer Anwalt zu nehmen und sie persönlich aufzusuchen. Die Geschichte konnte beigelegt werden, indem sie irgendwann zugab, dass sie all das nur erfunden habe und sich entschuldigte.

Doch die ganze Geschichte bewegte mich dazu, noch einmal darüber nachzudenken, wie sich aus diesem schmutzigen Wasser so schöne Kristalle bilden konnten. Ich fragte mich auch, warum diese Frau wohl auf die Idee gekommen war, dass sie dieses Bild gemacht hätte. Es ging ihr offensichtlich nicht um die Publicity und ich hatte sie als eine sehr intelligente Frau empfunden.

Zu jener Zeit beschäftigte ich mich auch mit der Frage, wie es sich aus der HADO-Perspektive erklären lässt, dass Menschen krank werden. Dabei betrachtete ich die Schwingungsunterschiede zwischen Elementar-Teilchen und Atomen. Als ich wieder einmal über dieses Geheimnis nachdachte, hatte ich plötzlich einen Gedankenblitz. Folgendes Diagramm schwebte vor meinem geistigen Auge:

Dieses Diagramm beschreibt die Ebenen im menschlichen Körper. Verunreinigungen, wie klein ihre Partikel auch sein mögen, dringen nie weiter als bis zur atomaren Ebene vor. Zur Ebene der Elementar-Teilchen hat nichts Materielles Zugang. Sie gehört zur Welt des HADO, der Welt der Sinne und Bilder.

Die Gesänge und Gebete des Priesters erreichten diese Ebene jedoch sehr wohl und erzeugten dort ein Bild, welches von jenseits der atomaren Ebene eine Anziehungskraft auf die dreidimensionale Welt

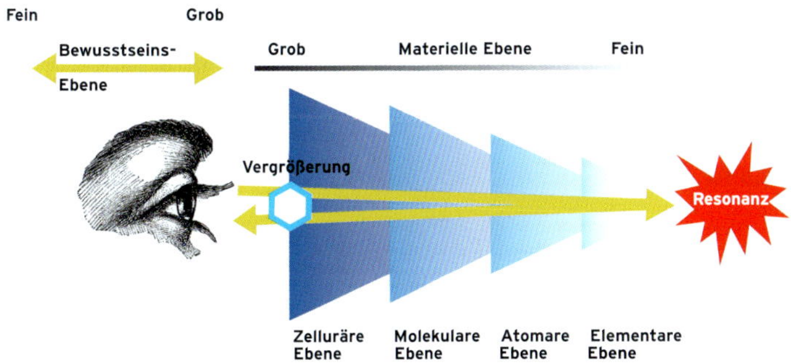

ausübte. Vielleicht stieg der versunkene Körper der toten Frau deswegen ein paar Tage später wieder an die Oberfläche des Sees.

Der Mitarbeiter, welcher die Aufnahme des himmlischen Kristalls machte, heißt Masaya Sato. Er ist ein Künstler mit einem guten Herzen. Das Auge seines lauteren Geistes sucht nach Wahrheit, Tugend und Schönheit. Damit konnte er die Ebene der Schwebstoffe und Verschmutzungen durchdringen, die normalerweise den Blick auf der zellulären, molekularen und atomaren Ebene verstellen und das Bild aufnehmen, welches der Priester »erbetet« hatte. Anders gesagt: Er ging in Resonanz.

Resonanz geht immer mit dem »Echo-Phänomen« einher. Dieses Echo brachte das Bild in Masaya Satos Blickfeld und es blieb dann auf der molekularen Ebene, als wäre es immer dort gewesen. In diesem Augenblick betätigte Masaya Sato den Auslöser.

Die Schweizerin, die für so viel Unruhe gesorgt hatte, verfügte vielleicht über eine ähnliche Fähigkeit wie Masaya Sato. Von dem Augenblick an, als sie den Kristall zum ersten Mal sah, prägte sich sein Bild so tief in ihr Bewusstsein ein, dass sie, ohne es zu bemerken, der Illusion verfiel, es selbst aufgenommen zu haben. In der geistigen Welt kann so etwas durchaus öfter vorkommen.

Wenn die oben genannte Annahme korrekt ist, dann sind wir damit unserem Verständnis von der Essenz des Wassers einen großen Schritt näher gekommen. Es würde bedeuten, dass der Mensch immer wieder von vorne anfangen kann und dass es im Grunde keine schlechten Menschen gibt.

Das ist auch genau das, was Jean Valjean in Victor Hugos Roman »Die Elenden« widerfährt. Jean Valjean wird festgenommen, weil er Tafelsilber gestohlen hat, doch der Pastor, dem dieses ursprünglich gehörte, sieht das Gute in ihm und leistet einen Meineid, um ihm die Freiheit zu schenken. Der Pastor konnte wohl erkennen, dass Valjean zwar auf atomarer Ebene verdorben, doch auf elementarer Ebene von lauterer Absicht war.

Man könnte also schließen, dass das Gebet eines lauteren Menschen auf die reine Leinwand der elementaren Ebene vordringen kann. Das betont noch einmal die Bedeutung des Betens.

3. Fallstudie: Experiment am Biwa-See

Nach dem Gebet verschwand der Gestank

Das nächste erwähnenswerte Ereignis fand am 25. Juli 1999 statt. Es war ein Experiment zur Reinigung des Biwa-Sees durch »Kotodama« – die Macht der Worte. Im Morgengrauen versammelten sich ungefähr 350 Menschen. Ich hatte diesen Tag mit Hilfe des Maya-Kalenders gewählt und mich an deren Tradition des Betens im Morgengrauen orientiert.

Wir sprachen folgenden Satz:

»Die unendliche Macht des Universums verschmolz, nahm Gestalt an und erzeugte eine wahrhaft harmonische Welt.«

Diese große Affirmation stammt von dem Tao-Meister Nobuo Shioya, der zu jenem Zeitpunkt 97 Jahre alt war. Trotz seines hohen Alters hatte er sich begeistert zu uns gesellt und unter seiner Anleitung rezitierten wir diese Affirmation zehn Mal.

Unsere Worte und Wünsche erreichten offenbar das Universum, denn so berühmt der Rest der Geschichte auch inzwischen ist, möchte ich Ihnen doch hier noch einmal eine Zusammenfassung des Zeitungsartikels vorstellen, der am 27. August desselben Jahres erschien.

Kyoto, Zeitungsartikel vom 27. 8. 1999

Ein mysteriöses Phänomen ereignet sich dieses Jahr am Biwa-See. Normalerweise vermehrt sich um diese Jahreszeit eine eingeschleppte Alge in so großem Umfang, dass sie zusammen mit der Dioxin-Belastung die einheimischen Algen vollständig abtötet. Das erzeugt in der Regel einen äußerst üblen Geruch, der jedes Jahr zu durchschnittlich 300 Beschwerden der Bewohner aus der Umgebung führt. Doch dieses Jahr gibt es keinen Gestank und daher auch keine Beschwerden. So willkommen das ist, tappt man doch über die Ursache dieses Phänomens vollkommen im Dunklen.

琵琶湖の外来藻
今夏 異常繁茂せず 悪臭苦情ゼロ
スジエビ 漁獲量は減る
原因不明
いいのか 悪いのか
掘っ立て柱建物群整然と

Zeitung von Kyoto.

Ich war sehr aufgeregt, als ich diesen Artikel sah, denn ich hatte nicht im Geringsten mit einer derart spektakulären Reaktion gerechnet. Ich erzählte Meister Shioya davon. Er meinte, dass dieses Ergebnis doch nur folgerichtig sei. Im Universum gibt es unendlich viel Energie und wir haben durch die große Affirmation damit Kontakt aufgenommen. So entstand um den Biwa-See herum ein wahrhaft harmonisches Feld, in dem die Algen nebeneinander existieren konnten.

Welche Wirkung haben Ultraschallwellen?

Ehrlich gesagt war mir zu jener Zeit nicht klar, ob ich begriff, was hier vor sich gegangen war. Ungefähr acht Monate später las ich einen weiteren Zeitungsartikel, durch den alles einen Sinn erhielt. Am 16. April 2000 wurde in der Sankei Zeitung von einem Forschungsteam berichtet, welchem unter der Leitung von Professor Maeda von der Osaka Universität die Reinigung von See- und Marschwasser gelang. Mit Hilfe von Ultraschallwellen von 200.000 Hertz konnten sie das Wasser von 95 Prozent des Dioxins und der PCBs befreien. Wenn man die Ultraschallwellen durch das Wasser schickt, erklärten sie, bilden sich zahllose Bläschen. Die Dioxine und PCBs sammeln sich in den Bläschen, weil sie nicht wasserlöslich sind. Durch die Stimulation explodieren die Bläschen jedoch schnell, wobei Temperaturen von 5.000 Grad Celsius entstehen. Bei diesen Temperaturen zerfallen die Dioxine und PCBs in ihre ungiftigen Bestandteile.

水中のダイオキシン
超音波を流し分解
湖沼の浄化に活用
大阪府立大教授開発

Zeitung von Sakei.

Vor dem Hintergrund dieser Informationen interpretiere ich die Ereignisse am Biwa-See wie folgt:
Wahrscheinlich schwang der Klang unserer Stimmen auf ungefähr 300 Hertz. Da jeder der Anwesenden eine große Verehrung für Meister Shioya hegte und es morgens um halb fünf noch wenig störende Einflüsse von außen gibt, war die ganze Energie sehr rein. Die Schwingungen des Kotodama, der Macht der Worte, konnten direkt in die Energiezone des Universums eingehen.
Meine Hypothese beruht auf der Oktaventheorie, derzufolge eine Resonanz und ein Echo auf 600 Hertz, 1.200 Hertz und immer so weiter auf 2.400, 4.800, 9.600, 19.200, 38.400, 76.800 und 153.600 Hertz entstanden sein müsste, bis schließlich die Frequenz erreicht wurde, auf der die Dioxine und PCBs zerfallen. So konnte im Biwa-See das gleiche Phänomen entstehen wie in dem Experiment der Universität von Osaka.
Ich bin mir sicher, dass diese Sichtweise in Zukunft als allgemein akzeptierte Erklärung für Kotodama – die Macht der Worte gelten wird. Das Prinzip der Schwingungen ist ein wissenschaftlich messbares religiöses Phänomen.

4. Fallstudie: Gebet von Galiläa nach Tokio

Worte und Gebete überwinden Entfernungen

Zuletzt möchte ich Ihnen noch von dem Experiment berichten, welches wir am 25. Juli 2003 am See Genezareth in Israel durchführten. Mein Aufenthalt dort stand im Zusammenhang mit dem Projekt »Liebe und Dank an das Wasser«, mit welchem dem Wasser in aller Welt Liebe und Dankbarkeit geschickt werden sollte. Ich hatte mich dafür entschieden, in diesen Tagen ein Seminar am Jordan abzuhalten.
In diesem Zusammenhang wollte ich ein Experiment durchführen, bei dem Gebete – Worte der Macht – von Israel nach Japan geschickt werden und dort anhand der Kristallbildung überprüft werden sollten. Wie weit waren Israel und Japan wohl voneinander entfernt? 10.000 Kilometer?
Ich verabredete alles mit Herrn Kizu, unserem Laborleiter in Japan. Wir besprachen den genauen Zeitplan, der die Zeitverschiebung berücksichtigen musste und fertigten Dias an, die den Teilnehmern in Israel eine Vorstellung von dem Ort vermitteln sollten, an den sie ihre Gebete schickten. Wir berechneten, wie lange es wohl dauern würde, das Wasser einzufrieren, die Aufnahmen zu machen und sie mir nach Israel zu schicken.
Und so lief es dann ab:

Live-Übertragung aus dem Seminar in Israel

Ich hatte meinen Vortrag an jenem Tag für 20.30h geplant. Ich hoffte, dann allen die Bilder aus Japan zeigen zu können. Drei Stunden vorher bat ich um etwas Zeit und eröffnete den ungefähr 200 Teilnehmern meinen Plan. Zu jenem Zeitpunkt war es in Japan 23.30h.

»Meine Damen und Herren«, fing ich an, »vielen Dank, dass Sie heute hierher gekommen sind. Mein Seminar wird erst in drei Stunden beginnen, aber ich möchte Sie jetzt schon um Ihr Mitwirken bitten. Ich möchte Sie bitten, Worte des Gebets nach Japan zu schicken, genau gesagt zu dem Leitungswasser, welches in einem Glasbehälter auf meinem Schreibtisch in meinem Büro in Tokio steht. Bitte schauen Sie sich zuerst an, wo Japan ist (1. Bild). Ziemlich weit weg, nicht wahr? Vielleicht mehr als 10.000 Kilometer. Hier ist Tokio (2. Bild). Hier ist der Eingang zu meinem Büro (3. Bild). Können Sie es sich vorstellen? Hier sitze ich an meinem Schreibtisch, wie Sie sehen (4. Bild). Das Wasser steht vor mir. Dies

Bilder 1 bis 6 von oben links bis unten rechts.

ist der Behälter mit Leitungswasser (5. Bild). Und als letztes ein Bild von dem Zustand dieses Wassers (6. Bild). Es bildet keine Kristalle, weil es so stark mit Chlor versetzt wird. Schrecklich, nicht wahr?

Jetzt möchte ich Sie bitten, zu diesem Wasser ein Gebet zu schicken. In Japan ist es jetzt spät in der Nacht, aber ein Mitarbeiter von mir erwartet unsere Gebete dort. Drei Stunden später wird er ein Foto machen und es per E-Mail an mich senden, damit ich es Ihnen hier zeigen kann. Bitte beten Sie von ganzem Herzen mit mir mit den Worten:

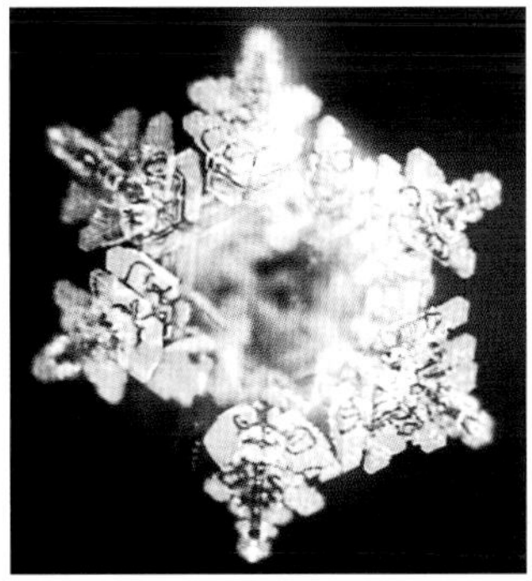

Das Gebet aus Galiläa erreichte das Wasser in Tokio.

Wasser, wir lieben dich
Wasser, wir danken dir
Wasser, wir respektieren dich. (Dies wurde drei Mal wiederholt, dann meditierten wir eine Minute.)
Vielen Dank für Ihre Kooperation. Wir sehen uns um 20.30 h wieder.

Das Experiment war erfolgreich!!!
Ich ging sofort auf mein Hotelzimmer und rief Herrn Kizu an, um ihm Bescheid zu sagen. Fröhlich wie immer sagte er nur »Ja, okay« und machte sich an die Arbeit.
Um 20.30 begann mein Seminar. Ich erwartete das Bild ungefähr eine halbe bis eine Stunde später. Ich redete wie immer, doch innerlich war ich aufs Höchste gespannt. Die Zeit verging wie im Fluge. Ich fragte mich, was ich wohl tun würde, wenn Herr Kizu keine Kristalle gefunden hatte. Immer wieder schaute ich auf den Bildschirm. Schließlich regte sich etwas. »Das Ergebnis unseres ›Kotadama‹ ist offensichtlich eben hier eingetroffen. Ich werde jetzt die E-Mail öffnen. Ich sehe das Ergebnis jetzt genauso wie Sie zum ersten Mal. Ich bin ganz schön aufgeregt.«
Der Computer war bereits an einen Projektor angeschlossen, so dass die Teilnehmer sofort das Ergebnis sehen konnten. Ein bewunderndes »OOOhhhhhhh« raunte durch den Saal, gefolgt von einem donnernden Applaus. Ich war einen Augenblick lang zu Tränen gerührt. »Es ist wahr«, murmelte ich, »es ist wirklich wahr«. Sie finden eine große Abbildung des Fotos, welches wir auf Seite 109 sahen.
Wenn das Experiment mit den 500 HADO-Lehrern nicht so erfolgreich gewesen wäre, hätte ich es wohl niemals gewagt, solch einen groß angelegten Versuch durchzuführen. Doch der Erfolg trieb mich immer weiter dazu, die »Worte des Gebets« zu erforschen.

III. Was ist HADO?

Nachdem es mir gelungen war, HADO zu messen, HADO-Wasser herzustellen und damit eine Reihe von Krankheiten zu heilen und nach all den Wasserkristallen, die wir bislang fotografieren konnten, bin ich zu der Überzeugung gelangt, dass die Kristalle Information enthalten, und zwar in Gestalt von Schwingungen. Im Folgenden will ich Ihnen den Zusammenhang zwischen Schwingung und Energie erläutern.

Energie entsteht durch Schwingung
Ich bin, wie gesagt, davon überzeugt, dass sich die Menschheit zurzeit in einem Labyrinth der Verwirrungen verlaufen hat. Und was tut man, wenn man sich verirrt hat? Man kehrt zum Ausgangspunkt zurück. Was ist unser Ausgangspunkt? Unsere Existenz und die Energie, die sie hervorgerufen hat. Was ist das für eine Energie?
Energie ist Schwingung. Alles besteht aus Atomen und die Atome schwingen in ihrem Kern. In Bezug auf organische Materie können wir daher sagen, dass Schwingung Leben bedeutet. Unser Herz pulsiert. Wenn es das nicht mehr tut, werden wir für tot erklärt. Meiner Ansicht nach erklärt das auch, warum in der Mitte des japanischen Schriftzeichens für »Leben« das Zeichen für »schlagen« steht.

Organische Materie kann jedoch nicht endlos weiter schwingen. Um ihre Vibration aufrechtzuerhalten, bedarf sie eines dritten Elements, der Resonanz. Durch Resonanz kann die Schwingung Kontinuität entwickeln, was uns nur durch unsere DNS oder unseren Willen nicht möglich wäre. Das Resonanzphänomen hat folgende Eigenschaften:

Beim Anschlagen der mittleren Stimmgabel mit 440 Hertz schwingt die linke in der gleichen Stärke mit.

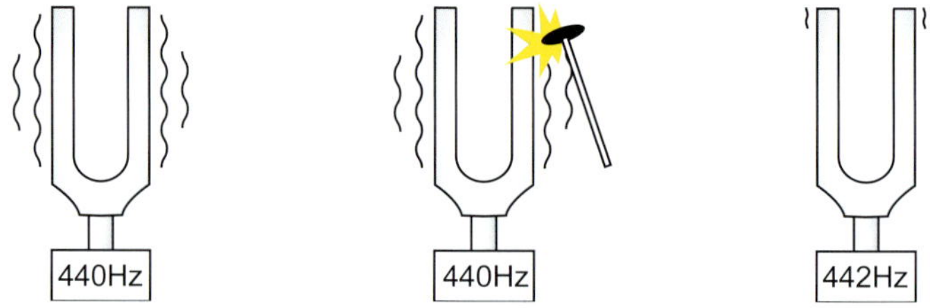

Übereinstimmende Frequenzen erzeugen harmonische Schwingungen

Angenommen, wir hätten drei Stimmgabeln, von denen zwei auf 440 Hertz gestimmt sind und eine auf 442 Hertz. Wenn wir eine der 440 Hertz Stimmgabeln anschlagen, wird die andere genauso mittönen, während die 442 Hertz Stimmgabel nur ganz schwach reagiert. Der Unterschied ist für unser Ohr kaum wahrnehmbar. 440 Hertz entspricht dem Ton C. Die 442 Hertz Stimmgabel produziert einen Ton, der in unseren Ohren ganz ähnlich klingt, aber wegen der 2 Hertz Unterschied reagiert sie nur schwach auf die 440 Hertz Stimmgabel. Schwingungen (= Energie) gehen nur mit *derselben* Frequenz in Resonanz. Schon die geringste Abweichung mindert die Wirkung erheblich und bei größeren Unterschieden geschieht einfach gar nichts mehr.

Dieses Prinzip wird auch für Radiofrequenzen verwendet. Früher drehte man an einem Rädchen, um einen Radiosender einzustellen. Der Empfang funktionierte, wenn die Frequenz des Radioempfängers mit der Frequenz des Senders übereinstimmte. Beim Radio gibt es Kurzwellen und Mittelwellen. Die Länge der Welle bestimmt die Reichweite. Kurzwellen können größere Entfernungen überbrücken, d.h. ihre Energie ist stärker. Alle internationale drahtlose Kommunikation erfolgt über Kurzwellen.

Reine Wellen reichen weiter

Ich behaupte, dass kürzere Wellen reiner sind als längere, denn kurze Wellen sind weniger anfällig für störende Interferenzen. Es gibt einfach weniger Platz dafür. Deswegen reichen kürzere Wellen auch weiter.

In der Zen-Meditation bemühen wir uns um einen spirituellen Zustand der Leere – einen Zustand, der das Selbst transzendiert. Durch die Meditation können sich zwischen den Gedanken unseres normalen Denkens Lücken auftun. Dies verhindert die Fortsetzung der Kurzwellen – unser Denken kommt nicht mehr sehr weit. Ich glaube, dass dieser Zustand des Nichts eine HADO-Technologie ist, durch welche wir in Kontakt mit kosmischen Informationen kommen können.

Das menschliche Ohr kann nur den Frequenzbereich zwischen 15 und 20.000 Hertz wahrnehmen. Um Klänge über große Entfernungen zu übertragen, müssen wir in einen Frequenzbereich gehen, der unser Hörvermögen übersteigt. Wir brauchen also eine Art Transportbehälter, der unsere oder die Informationen unseres Kommunikationspartners schützt.

Die Clusterstrukturen des Wassers sind dafür bestens geeignet. Ich glaube, dass das Wasser um die ganze Erde zirkuliert. Durch unsere Verbundenheit mit dem Wasser können wir ihm unsere Informationen anvertrauen. Durch das Resonanzprinzip erhalten wir dann die Antwort unseres Gegenübers. Doch die Verschmutzung der Luft hat auch das Wasser verschmutzt. Wir sind wie ein Kind, welches sich verirrt hat und fürchtet, sich nun ganz allein und ohne jede Unterstützung durchschlagen zu müssen. Meditation und andere Techniken ermöglichen es dem Menschen, rein zu werden. Ich hatte einmal die Gelegenheit, Dr. Ravi Batra, einen Ökonomen und Meditationsmeister aus Indien, mit dem zusammen ich ein Buch verfasst habe, bei der Meditation beobachten zu können. Es ist eine wunderbare Kunst. Wir befanden uns zwar in einem Hotelzimmer mitten in einer großen Stadt, doch ich konnte spüren, dass dieser Mann lauteren Charakters und in Übereinstimmung mit der Natur war.

Ein Experiment mit Kindern

Lassen Sie mich noch von einem Experiment berichten, das die Verbindung zwischen HADO und Lauterkeit bestätigt. Die Kinder haben gekochten Reis in zwei Gläser gefüllt. Auf das eine Glas kam ein Aufkleber mit dem Wort »Danke« und auf das andere einer mit dem Wort »Idiot«. Jeden Tag haben die Kinder das entsprechende Wort auch einmal laut zu dem Reis gesagt. Nach einem Monat war der Reis mit dem Schild »Danke« gelb fermentiert, während der Reis mit dem Schild »Idiot« schwarz verfault war.

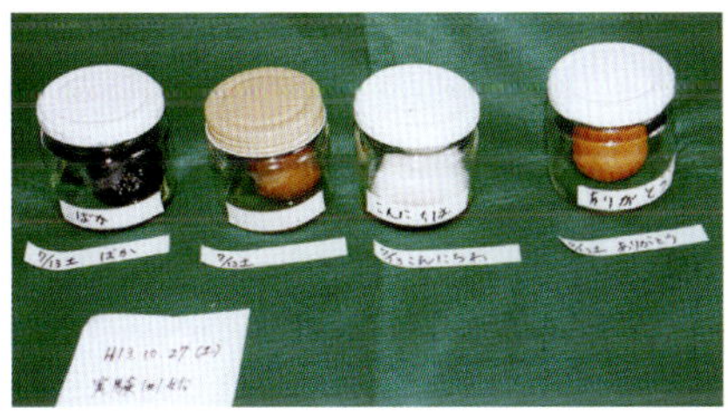

Nach der Veröffentlichung von *Die Botschaft des Wassers* erhielten wir zahlreiche Bilder von Lesern, die ähnliche Experimente durchgeführt hatte (wie oben abgebildet).
Die allermeisten dieser Experimente wurden von Kindern durchgeführt. Wir erhielten auch ein paar Berichte von Erwachsenen, doch in vielen Fällen lief es bei ihnen nicht so gut. Entweder fiel das Ergebnis entgegengesetzt aus oder es ging einmal gut, aber dann nicht wieder. Kinder zweifeln einfach nicht in der gleichen Weise wie Erwachsene, die eher denken: »Was mache ich denn, wenn es nicht funktioniert?» oder »Das war gut, beim nächsten Mal mache ich es aber noch besser.« Das ist ein Mangel an Lauterkeit. In der Welt des HADO ist es wichtig, die Dinge unvoreingenommen anzugehen und das zu akzeptieren, was entsteht.

Ein Bericht einer Grundschülerin aus der Präfektur Shimane

Dieses Mädchen füllte kleine Gläser mit Erdbeeren, Orangenstücken und anderen Früchten, die sie mit Worten wie »Danke«, »Liebe«, »Hallo« oder »Unbeachtet« beschriftete. Dann beobachtete sie, wie sie sich veränderten. Die Früchte mit guten Worten verfaulten viel langsamer als die unbeachteten oder mit schlechten Worten versehenen.
Sie beschrieb ihre Erfahrungen. »Wenn gute Worte von guten Herzen kommen und gute Worte das Wasser so verändern, dass es die Welt verändern kann, dann möchte ich anfangen zu tun, was ich kann, um diese Welt zu verbessern. Ich möchte von ganzem Herzen meiner Mutter, meinem Vater, meinen Brüdern und Freunden und allen Menschen, denen ich begegne, »Danke, ich liebe euch« zurufen.

IV. Eine Empfehlung zum Gebet

Weil es nicht so leicht ist, in dieser komplizierten Gesellschaft in Lauterkeit zu beten, habe ich aufgrund meiner Erfahrungen in dem Projekt »Liebe und Dank an das Wasser« eine Anleitung verfasst. Darin schlage ich vor, einen Kreis zu bilden, das Wasser in die Mitte zu stellen, sich an den Händen zu fassen und zu singen:

Wasser, wir lieben dich
Wasser, wir danken dir
Wasser, wir respektieren dich.

Doch wie im 1. Kapitel beschrieben, erkannte ich durch die Kristalle die Bedeutung der »Gestalt des Gebets« in Form der gefalteten Hände und führte daraufhin mit meinen Mitarbeitern folgendes Experiment durch:

1. Gebet, bei dem wir uns an den Händen halten
Wir bildeten wie immer einen Kreis, stellten das Wasser in die Mitte und hielten uns an den Händen. Wir wiederholten die oben genannten Sätze drei Mal und beteten eine Minute lang mit geschlossenen Augen.

2. Gebet, bei dem jeder seine Hände faltet
Jeder von uns legte seine Hände aneinander und bildete so die »Gestalt des Gebets«. Dann beteten wir genauso wie oben beschrieben.

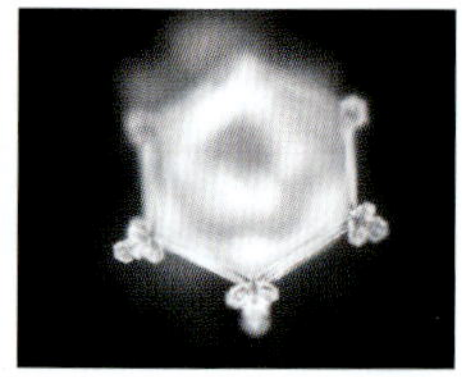

Gebet, bei dem wir uns an den Händen halten. Nach dem Gebet, bei dem wir uns an den Händen gehalten haben.

Gebet, bei dem jeder seine Hände faltet. Nach dem Gebet, bei dem jeder seine Hände faltete.

Das Ergebnis sehen Sie in den Bildern rechts.
Was meinen Sie? Der energetische Unterschied scheint mir recht offensichtlich. Die Kristalle, die nach dem Beten mit aneinander gelegten Handflächen entstanden sind, sind klarer, schöner und weisen auch wieder die »Gestalt des Gebets« auf.
In beiden Fällen waren alle anderen Umweltbedingungen gleich – die gleichen Beteiligten, die gleiche Zeit, das destillierte Wasser und derselbe Fotograf. Was bewirkte also den Unterschied? Ich fragte die Teilnehmer nach ihrem Eindruck. Alle antworteten in dem gleichen Sinne: »Mit aneinander gelegten Händen konnte ich alle anderen Gedanken besser ausschalten und mich besser auf das Gebet konzentrieren.« Mir ging es genauso. Aus irgendeinem Grund können wir uns besser konzentrieren, wenn wir unsere Hände aneinander legen.
Es gibt in Japan durchaus eine Tradition des Hände-Zusammenlegens. Auch heute noch tun wir es ab und zu: vor und nach den Mahlzeiten, vor unserem buddhistischen Familienaltar, wenn ein Kind sich entschuldigen möchte, weil es ungezogen war oder wenn es sich viele Neujahrsgeschenke wünscht.
In letzter Zeit sind die Menschen jedoch immer zurückhaltender damit, weil es ihnen als religiöse Geste erscheint. Das ist schade. (Aber wenn etwas Schreckliches passiert, tun sie es doch wieder – vielleicht sitzt es ja in unserer DNS.)
Angesichts dieser Ergebnisse möchte ich dieses Buch dazu nutzen, alle meine Mitmenschen dazu aufzurufen, mit aneinander gelegten Händen zu beten!

V. Weltfrieden und Selbstliebe

Wie bereits gesagt, halte ich das »Liebe dich selbst« für den besten Weg, für den Weltfrieden zu beten. Meine Gründe dafür sind folgende:

1. Nichts kann von sich aus ewig weiter schwingen. Wenn man zum Beispiel einen Kreisel in Schwung versetzt, bewegt er sich am Anfang sehr schnell, doch nach kurzer Zeit wird er langsamer und bleibt schließlich liegen. Jegliche Art von Maschine braucht Elektrizität oder Brennstoff.
Genauso kann es ohne Wasser kein Leben geben, denn Wasser gibt uns die Energie, die wir Schwingung nennen. Ohne diese Energiezufuhr kann nichts leben.
Die 60 Billionen Zellen unseres Körpers senden uns Signale, wenn ihre Schwingung schwächer wird. Das spüren wir dann als »Hunger« und nehmen Nahrung auf. Da jede Zelle ihre besondere Aufgabe hat, schwingt auch jede Zelle ein bisschen anders und braucht Nahrung, die ihrer Schwingung entspricht. Durch das Resonanzphänomen wird sie dann wieder aktiviert.
Schlechte Nahrung, das heißt Lebensmittel, die nicht die erforderliche Schwingung haben, stören die Vitalität der Zellen eher. Das ist genauso als müssten wir den ganzen Tag mit jemandem verbringen, mit dem wir uns nicht verstehen. Das würde uns auch anstrengen und ermüden.
Sich den Weltfrieden zu wünschen, anderen Menschen etwas Gutes zu wünschen, das bedeutet gute Schwingungen zu anderen Menschen zu senden. Dazu müssen wir zunächst selbst in guter Verfassung sein, glücklich und gesund. Nur dann senden wir positive Schwingungen aus. Das ist die Grundlage für alles andere.

2. Nur wenn wir uns selbst mögen, für unsere Existenz dankbar sind und uns selbst respektieren, können wir diese Gefühle auch anderen Menschen entgegenbringen. Schließlich kann kein Phänomen ohne Energie, das heißt ohne Schwingungen existieren.
Es liegt in der Natur der Schwingung, dass Negatives nur mit Negativem in Resonanz treten kann und Positives nur mit Positivem. Sie können so viel Gutes sagen und tun wie Sie wollen, solange Sie ein negatives Selbstbild haben, werden Sie auch keine positiven Schwingungen ausstrahlen.

3. In dem Experiment an einem See in Carapicuiba sandten wir mit weniger als zwanzig Personen Liebe und Dankbarkeit zu einer kleinen Portion Seewasser, das wir in eine Flasche abgefüllt hatten und stellten dann fest, dass sich die positive Schwingung auf den ganzen See ausgebreitet hatte (siehe S.106).
Die Schwingungen des lauteren Gebets konnten sich von der kleinen Menge Wasser auf das ganze Wasser der Umgebung ausbreiten.
Vor diesem Hintergrund sollten wir uns daran erinnern, dass auch wir selbst zum größten Teil aus Wasser bestehen. Wenn wir strahlen und gute Schwingungen aussenden, wirkt das auf die Menschen und das »Wasser« unserer Umgebung. Letztendlich werden diese Wellen die ganze Welt erreichen, so wie ich als Kind am Strand von Tokio Treibgut aus aller Welt gefunden habe.

4. Ich habe mich fünfzehn Jahre lang damit beschäftigt, was aus HADO-Perspektive die Ursachen von Krankheit sind. Ich bin jetzt davon überzeugt, dass Menschen krank werden, wenn ihre Schwingungen auf der Ebene der Elementar-Teilchen gestört sind.

Wenn wir einmal die ganze Menschheit wie ein Wesen betrachten, dann entspricht jeder von uns einem Elementar-Teilchen. Wenn wir disharmonisch schwingen, kann daraus eine Krankheit für die ganze Menschheit oder gar für die Erde entstehen. Der Mensch ist ein Mikrokosmos.

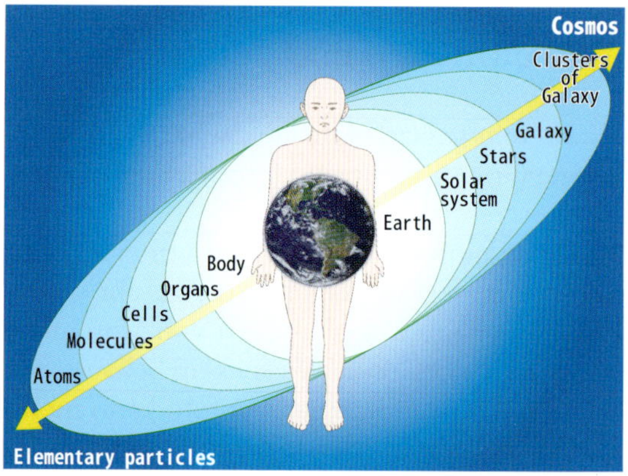

Sind wir, als Elementar-Teilchen dagegen stark und glücklich, werden die Erde und alle Menschen auf ihr ein Stückchen glücklicher werden.
Deswegen empfehle ich, zunächst darum zu beten, dass man sich selbst lieben möge, sich selbst dankbar sein möge und sich selbst respektieren möge.
Meiner Meinung nach ist wahre Liebe, selbst zu strahlen und gute Schwingungen auszusenden und diese Lebendigkeit dann an andere weiterzugeben. All jene, die sich mit meinen Ideen anfreunden können, auch wenn sie sie vielleicht nicht in jeder Einzelheit verstehen, möchte ich bitten, von heute an in der folgenden Weise mit uns zu beten.

Zeit und Ort	Jederzeit, überall. Beim Aufwachen, beim Schlafengehen, im Bett, beim Spazierengehen, vor den Mahlzeiten oder wenn Sie einfach ein bisschen Zeit für sich haben.
Gefühle, Bilder	Senden Sie Gefühle der Dankbarkeit zum Wasser, es wird sie weiterleiten. Stellen Sie sich vor, wie alle Menschen einander an den Händen halten, in Harmonie miteinander, mit der Erde, dem blauen Planeten, und mit dem Wasser in unseren Körpern.
Sätze	Sprechen Sie: »(Ihr Name), ich liebe dich (Ihr Name), ich danke dir (Ihr Name), ich respektiere dich« Danach können Sie die gleichen Sätze auch mit dem Namen einer Person sagen, um die Sie sich sorgen oder die auf einer anderen Wellenlänge ist als Sie.
Wie	Mit geschlossenen Augen und aneinander gelegten Händen. Wenn es zunächst schwierig für Sie ist, die Worte laut zu sagen, wiederholen Sie sie innerlich in Ihrem Herzen. Wenn Sie sich daran gewöhnt haben, können Sie sie dann auch laut aussprechen.

Ganz einfach, oder? Solch ein Gebet dauert ungefähr dreißig Sekunden. Natürlich spricht nichts dagegen, sich länger dafür Zeit zu nehmen.
Wenn Sie anfangen, so für sich selbst zu beten, wird sich etwas in Ihnen verändern. Und wenn immer mehr unserer Mitmenschen sich auf diese Weise verändern, wird sich das Umfeld verändern, die Gesellschaft wird sich verändern und die Welt wird sich verändern. Zum Guten.

Das Fotografieren der Kristalle im Labor

Von Takashige Kizu,
Leiter des IHM Forschungsinstituts

Das Fotografieren der Kristalle im Labor

Am Beispiel der drei Proben vom Sukato Tempel, die Sie auf S. 70-73 gesehen haben, möchte ich hier erklären, wie die Kristalle sichtbar gemacht werden und welche verschiedenen Arten von Kristallen wir unterscheiden.

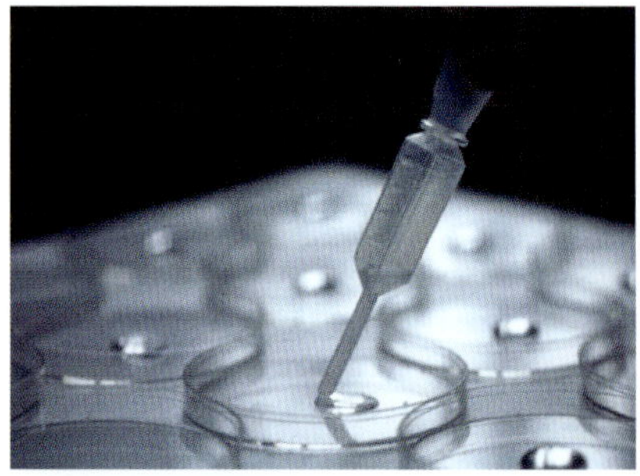

Das Einfrieren

1. Von jeder Probe werden 0,5 cc mit einer Spritze auf fünfzig verschiedene Plastik-Petrischalen getropft (1. Bild).
2. Die Petrischalen werden abgedeckt und in den Gefrierschrank gestellt.
3. Dort werden sie drei Stunden lang auf –25º C gekühlt.

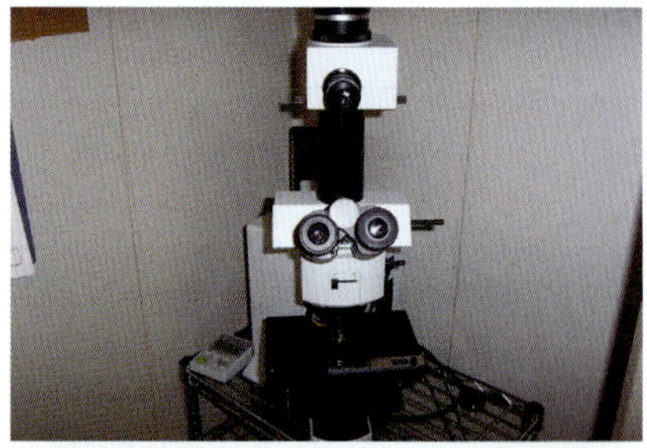

Die Kristallfotografie

1. Die gefrorenen Kristallproben werden in einem Kühlraum von etwa dreieinhalb Quadratmeter Größe bei einer Temperatur von –5º C beobachtet.
2. Dazu verwenden wir ein Metalllicht-Mikroskop mit einer Kamera (2. Bild). Jede Petrischale wird einzeln dem Gefrierschrank entnommen und unter das Mikroskop gestellt.
3. Die Wassertropfen sind in der Mitte etwas gewölbt (3. Bild). Auf diese Wölbung wird das Licht des Mikroskops projiziert (4. Bild).
4. Die Kristalle werden dann durch die Linse betrachtet und durch die Kamera aufgenommen.

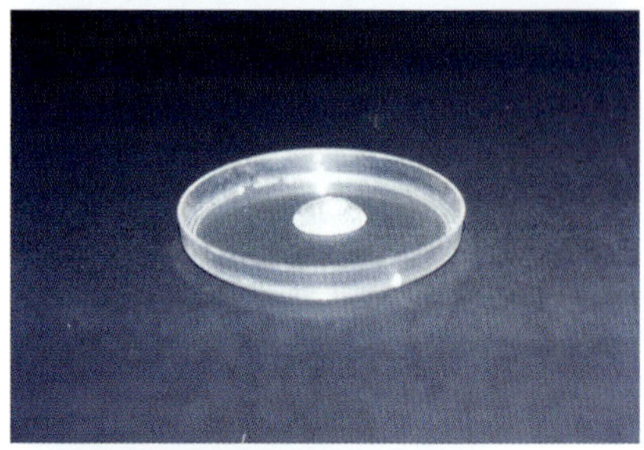

Ausrüstung:
Olympus System Metalllicht-Mikroskop BX60
Olympus Vollautomatisches Fotomikroskop PM 10SP
Film: Fujicolor Professional Farbnegativfilm ISO 400

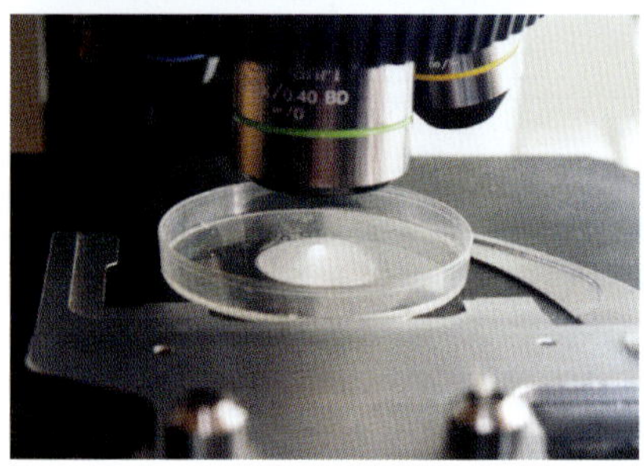

Kriterien

Die Kristalle werden nach ihrer Form eingeordnet: Wunderschön, schön, hexagonal, radial, gitterförmig, unregelmäßig, chaotisch, keine Struktur (siehe auch Tabelle).

Jede Art von Kristallform hat einen Wert zwischen Null und Hundert. Ein wunderschöner, hexagonaler Kristall hat hundert Punkte, keine Kristallbildung entspricht null Punkten. Die Punktzahlen werden dann addiert und führen zu einem Durchschnittswert pro Wasserprobe.

Da die Beobachter die Einordnung der Kristallformen vornehmen, gibt es hier natürlich Unterschiede, aber ich glaube, dass die grundsätzliche Tendenz der Kristallisation damit deutlich wird.

Wasserkristalle des Sukato Tempels

Samples	Beautiful	Semi-beautiful	Hexagonal	Radial	Lattice	Irregular	Collapsed	None	Multiple
Dorf-Regenwasser	1	3	1	0	3	41	1	0	28. 8
Wald-Regenwasser	1	7	1	0	1	38	2	0	38. 2
Tempel-Regenwasser	3	6	3	0	2	36	0	0	41. 8
Proben	wunderschön	schön	hexagonal	radial	gitterförmig	unregelm.	chaotisch	k. Struktur	Summe

Wie Sie in der Grafik und in der Tabelle sehen können, ist der Durchschnittswert pro Wasserprobe umso höher, je mehr schöne und wunderschöne Kristalle gefunden wurden. Das Wasser aus dem Wald und aus dem Tempel zeigt in diesen beiden Kategorien eine höhere Anzahl als das Wasser aus dem Dorf. Daraus können wir schließen, dass wir aus der Beobachtung von Wasserkristallen Annahmen über das Energieniveau unterschiedlicher Orte entwickeln können.

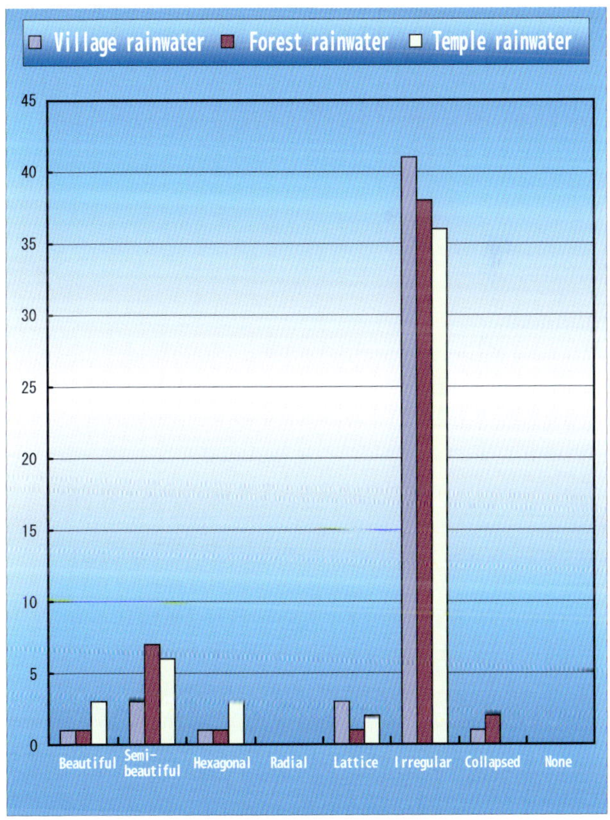

Der Autor: Masaru Emoto

Nach zehn Jahren intensiver Beschäftigung mit Wasser und Wasserkristallen ist Masaru Emoto davon überzeugt, dass Gebete die Kraft haben, uns eine bessere Zukunft zu ermöglichen. In diesem Buch zeigt er anhand wunderschöner Wasserkristalle die Verwandlung, die im Wasser geschieht, wenn es den Schwingungen der Liebe, der Dankbarkeit und des Respekts ausgesetzt ist.

Wasserkristalle enthalten Informationen, Schwingungen, spiegeln Gefühle wider und wirken auf uns. Davon ist Masaru Emoto nach zehnjähriger Forschungsarbeit zum Thema »Wie kann ich die energetische Qualität von Wasser sichtbar machen?« überzeugt. Seine wunderschönen Wasserkristallfotografien zeigen uns anhand unterschiedlichster Beispiele die Verwandlung, die im Wasser geschieht, wenn wir uns ihm in Liebe, Dankbarkeit und Respekt zuwenden. Emoto untersuchte unter anderem die Auswirkungen verschiedener Gebetshaltungen, verschiedener Worte des Gebets und verschiedener Orte. Aus seinen Ergebnissen lässt sich eine klare »Botschaft des Wassers« erkennen: Liebe, Dankbarkeit und Respekt verwandeln alles in eine höhere, harmonischere Struktur.

Fußnoten

[1] Homöopathie ist eine Behandlungsmethode, die auf dem Prinzip von »Ähnliches heilt Ähnliches« beruht und Anfang des neunzehnten Jahrhunderts von dem deutschen Arzt Samuel Hahnemann entwickelt wurde. Dabei wird eine Krankheit geheilt, indem man eine winzige Dosis einer Substanz einnimmt, die normalerweise genau die Symptome der Krankheit hervorrufen würde.

[2] HADO heißt Schwingung oder Wellenbewegung. Der Entwickler des Gerätes hatte es zwar »Magnetisches Resonanz-Muster« genannt, aber ich wählte den gebräuchlichen japanischen Begriff HADO, um den Prozess leichter verständlich zu machen. Dabei ist nicht der physikalische Begriff HADO gemeint, der »Wellenbewegung« bedeutet.

[3] »Introduction to HADO Age«; »HADO Humanics« und »HADO-Sitology«. (Nur auf Japanisch)

[4] Durch die Ausbildung von HADO-Lehrern entstand eine Gruppe von Menschen, die die Philosophie des HADO und seine Bedeutung über die Grenzen von Regionen und Nationen hinaus verbreiten. Zwischen dem März 1994 und dem November 1997 wurden in 37 Trainingsseminaren über 500 HADO-Lehrer ausgebildet. Zurzeit führen wir diese Seminare nicht mehr durch.

Masaru Emoto

Die Botschaft des Wassers

Sensationelle Bilder von gefrorenen Wasserkristallen

TB-XLarge, 144 Seiten

ISBN 978-3-86728-0123-2

Masaru Emoto hat erstmals die Kristalle von gefrorenem Wasser fotografiert. Unter schwierigsten Bedingungen entstanden atemberaubende Aufnahmen von Wasser aus der ganzen Welt – faszinierende Impressionen, die uns die Sinne und Herzen öffnen für die tief greifende Botschaft von Worten, Gedanken und Gefühlen. Immerhin besteht unser menschlicher Körper zu etwa zwei Dritteln aus Wasser: Was also bewirken die Werke unserer berühmten Komponisten, die Melodien von internationalen Volksliedern oder von Heavy Metal auch in uns? Wie reagiert das Wasser auf aussagekräftige Wörter in verschiedenen Sprachen? Diese Bilder bezaubern und erschüttern zugleich, denn sie beweisen: Wasser ist lebendig!

Masaru Emoto
Wasserkristalle

TB, 160 Seiten + 16 Seiten Fabtafeln
ISBN 978-3-936862-90-4

Masaru Emoto begann Mitte der achtziger Jahre, die energetische Struktur des Wassers zu erforschen. Er fotografierte erstmals die Kristalle von gefrorenem Wasser. Unter schwierigsten Bedingungen entstanden atemberaubende Aufnahmen. Die überwältigende Resonanz auf seinen Bildband »Die Botschaft des Wassers« veranlasste den Autor, Fragen, die ihm häufig gestellt wurden, in diesem Buch zu beantworten. Er lädt uns ein, das »selbstverständliche« Element Wasser aus ungewohnten Blickwinkeln zu betrachten. Anhand vieler Bilder erklärt Masaru Emoto, was das Wasser uns sagen kann und wie es beeinflusst wird.

Josef Neumayer
Salz, Wasser, Licht

Das Kursbuch für gesundes Leben

Paperback, 226 Seiten,farbig
ISBN 978-3-936862-61-4

Wie so oft: Es sind die einfachen Dinge, die tatsächlich wirken, die zum Erfolg führen! In diesem umfangreichen Ratgeber erfahren Sie, wie Salz, Wasser und Licht, also die essenziellen Bausteine unseres Lebens, auf der körperlichen, aber auch auf der energetischen Ebene wirken. Sie sind eine Art Schlüssel für die Heilung und für das Bewusstsein. Besonders hervorzuheben ist die detaillierte Beschreibung der „Lichtheilmittel" nach Jakob Lorber. Viele Tipps und praktische Anwendungen machen dieses Buch zu einem wichtigen und aktuellen Nachschlagewerk. Es hilft Ihnen, Ihr Leben besser zu verstehen und durch Salz, Wasser und Licht neues Wohlbefinden und echte Vitalität zu erleben. Ein Buch, das keine neuen Theorien verbreitet: Alles basiert auf zahlreichen Patientendokumentationen und Erfahrungsberichten!